Wenn Frauen fragen

Horst Schroth

Wenn Frauen fragen

Mit Illustrationen von Birgit Schössow

Für Elke

WARNUNG: Dieses Buch könnte Ihr Leben verändern! Sollten Sie kein Risiko eingehen wollen und sollten Sie sich vorgenommen haben, Ihr Leben auf gar keinen Fall und in gar keiner Weise verändern zu wollen, dann sollten Sie ab jetzt nicht mehr weiterlesen und das Buch blitzartig aus der Hand legen. Ich mache Sie ausdrücklich darauf aufmerksam, dass Sie hier möglicherweise mit Tatsachen – mögen sie nun wahr oder erfunden sein – und mit Perspektiven konfrontiert werden, die für Sie absolut neu sind und unter Umständen schockartige Reaktionen auslösen können. Allerdings sind eventuell daraus resultierende Nebenwirkungen wie plötzliche Lachanfälle, Schnappatmung, sogenannte Aha-Momente und Erkenntniseinbrüche ausdrücklich erwünscht.

INHALT

VORWORT

Zunächst einmal beglückwünsche ich Sie, dass Sie genau dieses Buch in Händen halten. Egal ob Sie es gekauft, an der Bushaltestelle gefunden, geliehen oder geschenkt bekommen haben, egal ob Sie nun ein Mann oder eine Frau sind oder ob Sie sich gendermäßig erst noch entscheiden müssen, was genau Sie nun sein wollen. Auch ob Sie hetero sind, schwul oder lesbisch, transsexuell, intersexuell, metrosexuell, bisexuell, trisexuell oder ob Sie als bisexuelles Wesen im Körper eines Trisexuellen gefangen sind, spielt keine Rolle. Es ist auch völlig gleich, ob Sie verheiratet sind oder schon mal, möglicherweise serienmäßig, waren oder nicht, ob Sie eine lose, eine „On and off"- oder eine feste Beziehung haben, zu zweit oder dritt, eine Nah- oder Fernbeziehung pflegen oder ob Sie noch irrlichternd der Frage nachgehen, was das denn überhaupt ist, so eine „Beziehung" – dieses Buch ist auf jeden Fall wie für Sie gemacht.

Dieses Buch trägt den Titel „Wenn Frauen fragen", weil Frauen nun mal gerne fragen. Ich habe mich immer wieder intensiv auf der Kabarettbühne mit dem Thema „Männer und Frauen" beschäftigt und nach einiger Zeit hatte ich genug von dem Thema. Ich dachte, was soll's, alles gesagt, was es zu sagen gibt, das war's. Aber nein, das war's mitnichten. Es kamen E-Mails. Jede Menge E-Mails. E-Mails von Frauen mit Fragen, dann noch mehr E-Mails von noch mehr Frauen mit noch mehr Fragen. Dann auch ein paar E-Mails von Männern, deren Frauen gesagt hatten: „Da schreibst du jetzt mal hin!"

Die Frauen hatten viele unterschiedliche Fragen. Zum Beispiel: „Ist es wirklich so, dass Männer Schmutz nicht erkennen können?" oder: „Warum müssen Männer immer wohnen und Frauen immer rödeln?" oder: „Warum gibt es neuerdings immer mehr Geronto-Papis, also alte Väter?" Ich antwortete immer per E-Mail auf diese Fragen und nach einiger Zeit fiel mir auf, dass sich inzwischen ganz schön viele Fragen und viele Antworten angesammelt hatten. Ich beschloss, daraus ein Bühnenprogramm zu machen – und eben dieses Buch.

Ich bin den Frauen sehr dankbar für ihre Fragen, geben sie mir doch Gelegenheit, mit etlichen Missverständnissen und Vorurteilen aufzuräumen. Und die haben sich mittlerweile zu gewaltigen Gebirgen aufgetürmt. Natürlich, die Zeiten haben sich geändert. Zum Glück! Wir blicken heute auf über hundert Jahre erfolgreicher Frauenbewegung zurück. Und in diesen gut hundert Jahren haben die Frauen weltweit enorm viel erreicht. Sie haben sich das Wahlrecht erkämpft, haben sich die Gleichberechtigung erkämpft und können heute – jedenfalls in unserem Kulturkreis – alles machen. Sie können verheiratet sein ohne Kind oder unverheiratet mit Kind, als Single oder mit einem Lebensgefährten oder einer Lebensgefährtin, egal, die Frauen können machen, was immer sie wollen. Jede Art von Schul- und Hochschulbildung steht ihnen offen, jede Art von Karriere und Beruf, von der Schornsteinfegermeisterin über die Helikopterpilotin bis zur Bundeskanzlerin. Sie haben alle Optionen! Zu Recht! Für uns Männer dagegen ist es so wie immer. Wir haben genau nur zwei Optionen: Arbeit oder Knast!

Über hundert Jahre Frauenbewegung! Eine tolle Sache für die Frauen! Aber was hat diese Frauenbewegung für uns Männer eigentlich gebracht? Die Fakten sehen so aus: Ein Drittel der Männer ist schwul – gut, ich habe immer wieder mal in Köln zu tun, da könnten das auch zwei Drittel sein –, das zweite Drittel ist impotent und das letzte Drittel möchte mit Frauen nichts mehr zu tun haben! Wenn ich jetzt sagen würde, dass ich das Zusammenleben von Männern und Frauen mit diesem Buch verbessern wollte, dann wäre das vermessen. Nein, ich bin bescheiden und sage, dass ich das Zusammenleben von Männern und Frauen ein wenig entspannen will. Wenn Sie also nach dem Lesen des Buches entspannter sind als vorher, dann habe ich schon viel erreicht.

Allerdings, und das liegt nun mal in der Natur der Sache, ich bin ein Mann und kann daher all die Fragen nur aus männlicher Sicht beantworten. Wir Männer sind, und die Frauen wissen das schon lange, sehr einfach gestrickte Wesen. Die Betriebsanleitung für Männer ist das dünnste Buch der Welt! Warum? Weil es ausgesprochen leicht ist, einen Mann zu bedienen. Wir haben eine sehr benutzerinnenfreundliche Oberfläche, unsere Schaltelemente sind übersichtlich angebracht! Und trotzdem gibt es immer wieder Ärger! Meine sehr verehrten Damen, Sie müssen nur eines tun: Sie müssen nur Ihre hohen Erwartungen unseren bescheidenen Fähigkeiten anpassen! Dann geht's!

Mit Ihren Fragen, meine Damen, sind Sie nicht allein. Lassen Sie einmal Ihren Blick schweifen. Die Welt um Sie herum ist voller Paare: Da gibt es Paare, die schon lange zusammen sind, und solche, die es gerade erst mal seit ein paar Tagen miteinander versuchen. Paare, die eine Beziehung haben, Paare, die ihre Beziehung längst hinter sich haben, Paare, die außereheliche Beziehungen haben, Paare, die sich nie als Paar verstehen würden. Und bei vielen Paaren stellen sich ähnliche Fragen. Schauen Sie einmal genauer hin. Das kann ja auch durchaus Spaß machen. So eine Beziehung von anderen, von außen betrachtet, die sieht oft aus wie eine Ente auf dem Gartenteich! Ein schöner Vogel, diese Ente, schillerndes Gefieder, stolz, elegant und scheinbar mühelos zieht sie ihre Bahnen. Aber jeder weiß, unter der Oberfläche, da wird gestrampelt wie der Teufel! Da wird es erst interessant.

Nehmen Sie mal die Erde: An der Oberfläche ist alles erforscht, da wissen wir alles, aber wie es in der Tiefsee aussieht, das weiß bis heute kein Mensch. Der Marianengraben, zum Beispiel, ein wenig östlich der Philippinen gelegen, der ist ja über 11 000 Meter tief, also drei Kilometer tiefer, als der Mount Everest hoch ist! Ich durfte mal auf einem Schiff da drüberfahren, da ist mir schlecht geworden, als ich nur an diese ungeheure Tiefe dachte. Kein Mensch ist jemals in diese Tiefe vorgedrungen. Aber, da unten ist Leben, man glaubt es kaum. Allerdings ist es dort wie nachts um vier in jeder Disco: alles voller Blindfische. Da lebt zum Beispiel der legendäre Tiefseeanglerfisch. Das Weibchen wird bis zu einem Meter lang und das Männchen ist viel, viel kleiner. Genau gesagt sind beim Tiefseeanglerfisch die Weibchen circa 60-mal größer als die Männchen und etwa 500 000-mal schwerer. Auf uns Menschen übertragen hieße das, dass ein Mann, der 1 Meter 80 groß ist und 75 Kilogramm wiegt, mit einer Frau konfrontiert ist, die genau 108 Meter groß ist und 37 500 Tonnen wiegt. Und dennoch muss der arme Tiefseeanglerfischmann ein Weibchen finden. Das macht er maßgeblich mit seinem Geruchssinn, denn in dieser Tiefe herrscht ja die totale Dunkelheit. Andererseits hat die Tiefseeanglerfischfrau ja auch eine beachtliche Größe und ist damit ganz gut auszumachen. Hat der Tiefsee-anglerfischmann dann ein Weibchen entdeckt, dockt er sich bei ihr an, das heißt, er beißt jetzt irgendwo in sie rein, egal wo. Und nun wird der Kerl sein Leben lang nicht mehr loslassen. Man kann sagen, der klammert dauerhaft. Und dann beginnt ein interessanter Prozess, den die Wissenschaftler Sexualparasitismus nennen: Das Männchen bildet allmählich seine Zähne zurück, bildet den Kiefer zurück, bildet schließlich alle inneren Organe komplett zurück, bis es nur noch durch den Blutkreislauf des Weibchens ernährt wird. Und jetzt schauen Sie sich mal in Ihrer näheren Umgebung um, ob Sie das nicht schon mal irgendwo gesehen haben. Sexualparasitismus!

Bevor wir nun endlich zu den Fragen der Frauen kom-men, muss ich Ihnen noch ein Geständnis machen. Ich bin ein Hetero-Mann. Ja, ich stehe zu meiner Neigung! Ich finde Frauen toll! Und was ich am besten an ihnen finde, ist, dass sie, jedenfalls zumeist, genau wissen, was sie wollen. Auf jeden Fall wissen sie genau, was sie nicht wollen. Das heißt, wenn Sie einer Frau eine klare Frage stellen, bekommen Sie in den meisten Fällen auch eine klare Antwort. Testen Sie das mit einer ganz einfachen Frage. Fragen Sie mal eine Frau: „Welche Schokolade haben Sie lieber, dunkel oder hell?" Sie bekommen sofort eine Antwort, meist wie aus der Pistole geschossen. Bei Männern ist das anders. Wir Männer sind oft unentschlossen, indifferent, unentschieden. Stellen Sie einem Mann mal diese Schokoladenfrage. Eine ganz einfache Frage. Ganz banal. Als Antwort kommt dann nur: „Na ja, wenn es da steht! Aber meinetwegen mach die nicht auf, nö, nö! Aber wenn sie schon auf ist, dann nehme ich auch was!" Zack, und die ganze Schokolade ist weg!

Um diese und andere Phänomene geht es in diesem Buch. Viel Spaß dabei.

WIE TICKEN MÄNNER?

Von: Fiona F., Frankfurt am Main
Betreff: Wie ticken Männer?

Lieber Horst Schroth,

Sie kennen mich nicht, aber ich kenne Sie. Ich bin jetzt – bitte nicht weitersagen – 41 Jahre alt und nicht gerade unattraktiv. Ich habe mit Männern schon die eine oder auch andere Erfahrung gemacht, aber: Ich verstehe die Männer nicht. Sie sollten ja einfach zu verstehen sein, denn sie sind ja auch einfach – bitte verstehen Sie das nicht falsch, es gibt ja auch Ausnahmen :-) –, aber dennoch, ich verstehe sie einfach nicht! Mein Frage an Sie: Wie seid ihr Männer wirklich, wie tickt ihr eigentlich?

Beschwingt und frohgemut Ihre Antwort erwartend

Ihre
Fiona

Das ist eine der ganz typischen Frauenfragen. Was Frauen unter anderem auszeichnet, ist die Tatsache, dass Frauen immer alles über Männer wissen wollen. Umgekehrt ist das bei uns Männern durchaus nicht so. Nicht dass wir uns nicht für Frauen interessieren würden, nein, keineswegs. Aber dass wir uns für sie interessieren, heißt ja nicht gleich, dass wir auch alles über sie wissen wollen. Wir sind ganz zufrieden damit, dass vieles, was Frauen ausmacht, für uns für immer im Dunkel der Geschlechterunterschiede verborgen bleibt. Aber Frauen wollen alles wissen.

Und jetzt zu der Frage, wie Männer ticken. Ich will versuchen, das meinen verehrten Leserinnen ganz kurz zu beschreiben: Kennen Sie das Gefühl, dass Sie als Frau mal in Ihrer Wohnung oder in Ihrem Haus einen Raum betreten und dann für einen winzigen Moment plötzlich nicht mehr wissen, warum Sie überhaupt in diesen Raum getreten sind? Dieses Gefühl kennen Sie? Ja, sehen Sie – und so verbringen Männer ihr ganzes Leben!

MÄNNER WOHNEN, FRAUEN RÖDELN

Von: Brigitte B., Bad Bevensen
Betreff: Männer wohnen, Frauen rödeln

Hallo Horst,

mein Name ist Brigitte, ich bin 49 Jahre alt und wohne in Bad Bevensen. Seit genau 25 Jahren bin ich eigentlich glücklich verheiratet und habe vier Kinder. Weil ich auch noch berufstätig bin (ich mache bei der Sparkasse die Kasse), habe ich wenig Zeit. Deswegen nur ganz kurz eine Frage: Meine Freundin Moni behauptet immer, dass Männer wohnen und Frauen rödeln. Stimmt das?

Kurz angebunden, ich habe keine Zeit für langen Killefit,

Ihre
Brigitte

Natürlich stimmt das. Männer wohnen sehr gerne. Wohnen ist für Männer eine sehr beliebte Freizeitbeschäftigung der seriösen und auch sehr, sehr ruhigen Art. Es ist genau genommen die ruhigste Freizeitbeschäftigung überhaupt. Die Frauen mögen nun darüber lachen, das ist verständlich, denn generell ist Frauen das Wohnen fremd. Frauen wohnen niemals, Frauen rödeln in der Wohnung immer nur rum. Und so ist die Welt eingeteilt: Männer wohnen – Frauen rödeln. *(Anm. d. Lektorin: „Rödeln" ist norddeutsch und bedeutet „ständiges, bienenartiges, emsiges Arbeiten". Im süddeutschen Sprachraum sagt man gern auch „wurschteln" oder „gruschteln". In der Stadt Pforzheim gibt es sogar den berühmten Gruschtel-Markt, auf dem man neue und alte Gruschtel-Objekte erwerben kann.)* Eine Dame fragte mich mal: „Ja, wie erkenne ich denn, dass mein Mann gerade wohnt?" Das ist ganz einfach. Das sind die Momente im Leben, in denen eine Frau im Haus, in der Wohnung oder im Garten ihren Mann beobachtet und sich fragt: „Was macht der denn da?" Genau dann ist die Wahrscheinlichkeit sehr groß, dass der Mann gerade wohnt.

Dann sitzt er da, in der Regel führt der Mann das Wohnen im Sitzen aus, auf Sessel, Stuhl, Couch, Bettkante oder Fensterbank, sitzt ganz ruhig, nahezu bewegungslos, mit geöffneten Augen, das kann auch direkt vor einer Wand sein – und wohnt. Frauen sagen dann oft: „Er stiert mit leerem Blick sinnlos vor sich hin." Diese Behauptung ist völlig falsch und zeigt nur die ignorante Haltung der Beobachterin. Sein Blick ist keineswegs leer, er ist nur nach innen gerichtet, der Mann hat beim Wohnen eine Art von Panoramabewusstsein erreicht und darf auf keinen Fall gestört werden.

Das haben ja auch diverse Komiker schon wunderbar bearbeitet. Der große Loriot zum Beispiel, den Sie hoffentlich genauso verehren wie ich, der hat sogar mal einen

Zeichentrickfilm gemacht zu diesem Thema „Wohnen". Er hat das Phänomen nicht so genannt, aber es ist genau das, was ich meine. Sie kennen den Film alle. Da sitzt dieses Knollennasenmännchen von Loriot im Wohnzimmer und wohnt und die Knollennasenfrau ist in der Küche und rödelt rum. Übrigens, wenn eine Frau rödelt, dann erkennt der Mann das nur am Geräusch. Lautlos rödeln kann sie nicht. Sie macht immer ein Geräusch dabei. Ratzratzratzratz. Und wenn der Mann das hört, dieses Ratzratzratzratzratz, weiß der Mann: Aha, die rödelt! Nur, dass wir uns niemals fragen: Was macht die da eigentlich? Das ist uns so was von egal! Ja, wir erkennen das Rödeln nur am Geräusch. Denn die Frauen, die sind beim Rödeln dermaßen schnell, wir können das visuell gar nicht auflösen! Das Geräusch kann ganz leise sein, da ist die hinten im Garten, ratzratzratzratzratz, ganz leise, auch im Winter wird gerödelt, im Schnee, guffguffguffguffguff. Dann kommt sie näher ran ans Haus, ratzratzratzratzratz! Kommt rein, rödelt direkt am Mann vorbei, ratzratzratzratz. Und wieder weg. Die können um so einen Mann auch mal komplett 360 Grad rumrödeln, ratzratzratzratz. Das nennt man dann Dolby-Surround-Rödeln!

Aber zurück zu Loriot. Da ruft die Knollennasenfrau aus der Küche: „Hans-Hermann, was machst du da gerade?"
Und er: „Nichts."
Sie: „Nichts, so gar nichts?"
Er: „Nö."

Sie: „Dann mach doch mal was!"
Er: „Ich will hier aber einfach nur sitzen."
Sie: „Dann geh doch wenigstens mal spazieren!"
Und dann gibt's einen Riesenstreit, weil sie nicht begreift,
dass er einfach nur wohnt!

Dabei ist das Wohnen auch kulturgeschichtlich enorm
wichtig. Denn Männer haben ja nachweislich beim Wohnen auch immer schon Dinge ausgetüftelt und wichtige
Erfindungen gemacht. Und auch früher schon kamen die
Frauen dann ständig an: „Was machst du da, was machst
du da?" Und jedes Mal, und das können Sie gern über-
prüfen, jedes Mal wenn die Männer eine geniale Erfindung gemacht hatten, kamen dann also die Frauen an,
haben sich alles ganz genau angeguckt und dann haben
die Frauen diese geniale Erfindung der Männer mit einer
noch besseren und noch viel genialeren Gegenerfindung
getoppt.

Hier ein paar Beispiele: Die Männer haben das Geld
erfunden, die Frauen sofort das Einkaufen – auf das Einkaufen kommen wir später noch mal zurück. Dann haben
die Männer die Jagd erfunden, die Frauen den Pelzman-
tel. Männer erfanden das Essen, die Frauen die Diät.
Dann erfanden die Männer die schönen Getränke und
die Frauen erfanden die kleinen Deckchen, die unter das
Glas druntergeschoben werden müssen. „Das geht aber
nicht, das Glas muss hier auf diesen Untersetzer drauf!"
Und kürzlich erfanden die Männer das Tapezieren, die

Frauen die Endkontrolle: „Nein, nein, nein, das muss alles wieder runter, das muss alles wieder neu!" Oder kennen Sie einen Mann, der in seiner Wohnung die Tapeten selber ausgesucht hätte? Kennen Sie einen einzigen? Männer dürfen vielleicht die Farbe der Kabel bestimmen, die unter Putz verlegt werden! Höchstens!

MÄNNER UND DIE AUSSPRECHSPERRE

Von: Heike-Meike H., Hövelhof
Betreff: Männer und die Aussprechsperre

Sehr geehrter Herr Schroth,

bitte verzeihen Sie diese sehr förmliche Anrede, aber ich bin nun mal Beamtin. Genauer gesagt bin ich Zollobersekretärin beim Zoll in Paderborn und ich kann nicht anders als immer nur korrekt. Das ist auch genau der Grund, warum ich mich an Sie wende, ich will es doch einfach nur korrekt. Es ist so: Ich bin nun in diesem Sommer immerhin schon 39 geworden und immer noch nicht verheiratet und das ist hier bei uns im katholischen Ostwestfalen kein Zuckerschlecken. Nein, nein, keine Angst, ich möchte Ihnen bestimmt keinen Antrag machen. Denn männermäßig bin ich eigentlich versorgt. Ich habe nämlich seit ca. zwölf Jahren einen festen Freund, der heißt Sven-Ole. Seit mindestens acht Jahren warte ich darauf, dass der mir einen Heiratsantrag macht, aber der Antrag kommt und kommt nicht. Der müsste jetzt mal wirklich kommen! Wir sind ja auch schon verlobt, richtig offiziell, mit Feier und allem. Und die Verlobung ist ja auch schließlich irgendwo ein Eheversprechen.

Andererseits weiß ich ja auch, dass ich den Antrag juristisch gesehen nicht einklagen kann, und der Kranzgeldparagraf 1300a BGB ist ja leider auch abgeschafft. *(Anm. d. Lektorin: Der sogenannte Kranzgeldparagraf lautet: „Hat eine unbescholtene Verlobte ihrem Verlobten die Beiwohnung gestattet, so kann sie, wenn die Verlobung aus Gründen, die sie nicht zu vertreten hat, gelöst wird, auch wegen des Schadens, der nicht Vermögensschaden ist, eine billige Entschädigung in Geld verlangen." Der Brockhaus definiert in klarerem Deutsch: „Kranzgeld: eine Entschädigung, die eine Verlobte von ihrem Verlobten verlangen konnte, wenn dieser von seinem Eheversprechen zurückgetreten war, sie aber mit ihm, in Erwartung der Ehe, Geschlechtsverkehr und somit ihre Jungfräulichkeit verloren hatte." Dieser Paragraf wurde zum Leidwesen von Heike-Meike 1998 abgeschafft. Vielleicht hätte das Parlament für Ostwestfalen mit Blick auf dortige Befindlichkeiten und Brauchtum eine Ausnahme machen sollen.)*

Ich finde, das Verhalten von Sven-Ole ist einfach nicht korrekt! Ich glaube nämlich fest daran, dass auch bei einem Mann mal Schluss mit lustig sein muss! Oder sehen Sie das anders?

Ungeduldig, mit abgekauten Nägeln und fest entschlossen, kein weiteres Zaudern, Zögern und Verschleppen zu akzeptieren,

Ihre
Heike-Meike

Also, hier haben wir es natürlich mit einem schweren Fall zu tun. Sven-Ole, so lautet auch meine Ferndiagnose, ist krank. Er leidet an einer leider sehr weit verbreiteten Männerkrankheit, er leidet an akuter Aussprechsperre. Von einer Aussprechsperre sprechen wir dann, wenn ein Mann etwas sagen will, es aber nicht sagen kann. Offensichtlich erwartet Heike-Meike von Sven-Ole, dass er endlich diesen einen berühmten Satz sagt. Diesen Satz, vor dem viele Männer sich fürchten wie der Teufel vor dem Weihwasser, diesen Satz mit den vier Worten: „Willst du mich heiraten?" Sven-Ole will diesen Satz sicher sagen, aber er sagt ihn nicht wegen dieser Aussprechsperre. Eine psychische Blockade ist das, eine von Männern als grausam erlebte Abschnürung eines schönen Gedankens, der eben krankheitsbedingt nicht in der Form eines liebevoll gemeinten und hoffnungsschwanger vorgetragenen Heiratsantrags das Ohr der geliebten Heike-Meike erreicht. Meine weiblichen Leser mögen hier vielleicht lachen, bitte sehr, von mir aus. Ich weiß, dass Frauen natürlich keine Aussprechsperre kennen. Nein! Frauen, die denken was und „KAWAMM!!!!", schon bricht der Gedanke sich lauthals Bahn und sie lassen ihre ganze Umwelt daran teilhaben. Ohne Aussprechsperre. Ja, das ist toll, und wir Männer bewundern das ohne Ende.

Aber bei uns Männern ist das anders. Die Aussprechsperre ist neben der Prostata das Hauptmännerleiden,
das wir kennen. Und da leiden die Männer, die leiden wie
die Hunde. Im normalen Leben hat ein Mann keine Aussprechsperre. Klar. Also, wenn meinetwegen ein Mann
zu Hause sitzt und wohnt, dann kann er jederzeit zu seiner Frau sagen: „Schatz, bringst du mal ein Bier mit?"
Das geht, kein Problem. Man hat noch nie davon gehört,
dass ein Mann beim Satz „Schatz, bringst du mal ein Bier
mit?" eine Aussprechsperre gehabt hätte. Oder, meine
Damen, das wissen Sie ja selbst, abends in der Kneipe, an
der Bar, da kann ein Mann jederzeit sagen: „Oh, Super-
haare, Superaugen, was für ein schönes Kleid! Das würde
super aussehen – neben meinem Bett!" Das geht auch,
da hat er auch keine Aussprechsperre. Aber es gibt Sätze,
da hat er einfach Instant-Aussprechsperre. Zum Beispiel
beim Satz „Willst du mich heiraten?" oder bei „Ja, ich
liebe dich auch!", das ist ebenfalls ganz schwierig, oder
auch beim Satz „Kann ich heute Abend bitte mal abwa-
schen?". Das geht nicht.

Liebe Leser, damit die Frauen mal sehen, was bei uns
im Kopf passiert, wenn wir was sagen wollen, aber nicht
sagen können, wegen dieser Aussprechsperre, bringe
ich jetzt mal zwei Beispiele, eines ohne Aussprechsperre
anhand der Frage: „Bringst du mal ein Bier mit?" und das
andere mit Aussprechsperre anhand der Frage: „Willst du
mich heiraten?" Erst mal das Beispiel ohne: Stellen Sie
sich bitte vor, ein Mann sitzt zu Hause und wohnt. Und

wenn der Mann wohnt, dann hat der kein Zeitgefühl, die ganze Zeit des Universums streicht durch diesen Mann hindurch, er befindet sich im endlosen Zeit-Raum-Kontinuum. Da geht es uns Männern übrigens ganz genau wie den Hunden, die haben ja auch kein Zeitgefühl. Und deswegen kann ein Mann mit seinem Hund zusammen auch sehr schön wohnen. Hunde sind für Männer die idealen Wohnbegleittiere: Da sitzt der Mann mit seinem dicken Kopf und seinen dicken Ohren und daneben sitzt sein Hund mit seinem kleinen Kopf und seinen zwei spitzen Ohren. Das kann man sich sehr schön vorstellen, so als Silhouette, wie die beiden da sitzen. Und nach einer gewissen Zeit erreicht der Mann sogar den Idealzustand des Wohnens, er erreicht den Zustand der vollkommenen Absichtslosigkeit. Japanische Mönche arbeiten jahrzehntelang daran, diesen Zustand zu erreichen, Mitteleuropäer schaffen das, indem sie einfach nur wohnen. Die Frau des Mannes ist natürlich auch da, die rödelt im Hintergrund irgendwo rum. Der Mann hört nur das ihm vertraute Rödelgeräusch, ratzratzratz, und er weiß, aha, die rödelt. Das geht aber beim Mann hier rein und da raus. Ratzratzratz und weg und die Frau sagt was – und weg.

Der Mann wohnt und es geht ihm sehr gut. Und trotzdem macht sich in ihm im Laufe der Zeit ein merkwürdiges Gefühl breit, das Gefühl von „Mannomann, was habe ich für einen schrecklichen Durst". Ein Durstgefühl steigt also hoch in dem Mann und droht, das schöne Wohngefühl zu verdrängen. Der Durst ist aber doch noch nicht so schlimm, dass der Mann jetzt aufstehen würde, um selbst zum Kühlschrank zu gehen. Das ist ganz wichtig, für das, was jetzt kommt. Der Mann hat also Durst, noch erträglichen Durst. Und vor dem geistigen Auge des Mannes entsteht jetzt ein Bild. Ein Bild von einer schönen, großen, kühlen Flasche Bier, an der die Kondenstropfen herunterperlen, das Bild wird immer größer, immer brillanter und verdrängt dann allmählich auch die anderen vier Bilder, die der Mann normalerweise sonst noch im Kopf hat. Sie müssen wissen, so ein Mann, der hat einer Dauerausstellung von genau vier Bildern im Kopf. Schöne Bilder sind das, mit strahlenden Farben gemalt und mit klaren Konturen. Vier Bilder, und die sind bei jedem Mann weltweit genau gleich. Natürlich mit kleinen kulturellen Unterschieden. Ein Fußball, ein Ferrari, Ärsche und Titten. Das ist die kleine Dauerausstellung in unserem kleinen Männermuseum, da geht jeder Mann mindestens einmal am Tag rein, guckt sich zufrieden seine Bilder an und kann danach wieder glücklich seinem Tagewerk nachgehen.

Also, da ist der Mann, der zu Hause wohnt und Durst hat und der das Bild von der schönen, großen, kühlen Flasche Bier sieht, und ganz da hinten bei dem Mann, da hinten in seiner Hirnschale, da wo die Ursuppe seiner Gedanken ganz still und leise vor sich hin gärt, da macht es plötzlich blubb-blubb und der Mann fängt an zu denken. Und er denkt noch: Mannomann, ich denke gerade was, und es macht wieder blubb-blubb und plötzlich steht da ein Satz in seinem Kopf. Ein Satz in leuchtend flaschengrünen Buchstaben von einem grünen Strahlenkranz umgeben: „Bringst du mal ein Bier mit, Fragezeichen." Das denkt der Mann. „Bringst du mal ein Bier mit, Fragezeichen." Dann überlegt der Mann ganz lange: Wie heißt die noch gleich? --- Ach, komm, egal, sagst du mal „Schatz"! Und der Mann denkt jetzt den vollständigen Satz: „Schatz, bringst du mal ein Bier mit?"

So, jetzt ist der Satz fertig gedacht und könnte gesagt werden. Aber an dieser Stelle muss ich einen kleinen Ausflug machen – für Akademiker, einen Exkurs. Wir wollen der Frage nachgehen: Wie sind Gehirne eigentlich organisiert? Grundsätzlich muss man sagen, dass Frauenhirne und Männerhirne zunächst genau gleich organisiert sind. Ein Satz wird gedacht, das passiert im Kopf ganz hinten, danach wird der Satz zum Sprachzentrum geschickt, das sitzt links vorne. Dort hören die Gemeinsamkeiten zwischen Männerhirnen und Frauenhirnen allerdings schon auf. Bei Frauen ist das Sprachzentrum natürlich riesig groß. Bei uns Männern ist es winzig klein, mikroskopisch quasi, das sehen Sie kaum. Da passt gerade mal der Satz rein „Schatz, bringst du mal ein Bier mit?". Mehr geht da nicht. Beim besten Willen nicht! Viele meiner Leserinnen werden jetzt empört reagieren und denken: Schweinerei, ungeheuerlich! Der Kerl sagt noch nicht mal „bitte"! Richtig, stimmt! Nur, er würde gerne „bitte" sagen, aber dieses „bitte" kriegt er ins Sprachzentrum gar nicht mehr reingequetscht. Also bitte, liebe Leserinnen, beim nächsten Mal nicht böse sein, er kann dieses „bitte" aus Kapazitätsgründen einfach nicht sagen.

Bei Frauen herrscht im Kopf natürlich ein ganz anderer Standard als bei Männern. Denn die Frauen, die haben dort Hightech installiert, die laufen immer auf dem allerneuesten Betriebssystem, die sind jeder Cebit um Jahrzehnte voraus. Die haben dort kein normales Gehirn drin, nein, die haben Millionen von Kilometern von Glasfaserkabeln installiert, in denen ihre Gedanken in x-facher Lichtgeschwindigkeit durchrasen, für Männer unvorstellbar schnell, zingzingzing. Und deswegen kann eine ganz normale Frau auch alles gleichzeitig machen: denken, rödeln und sprechen. Zingzingzing-ratzratzratz-blablabla. Toll. Wir Männer bewundern diese Fähigkeiten ohne Ende. Wir Männer dagegen sind – ich kann es gar nicht oft genug betonen – wir Männer sind sehr einfach gestrickte Wesen. Ein Mann, der kennt in seinem einfachen und – ich möchte betonen – sehr bescheidenen Männerleben nur genau zwei Wesenszustände. Ein Mann ist ein in sich geschlossenes binäres System. Der Mann ist entweder an – oder aus. Der Mann sagt entweder Ja – oder Nein. Der Mann arbeitet – oder er wohnt. Manche Leserin mag jetzt denken: Ja, gut, aber was ist mit dem Sex? Gut, ich verstehe die Frage, zumal immer mal wieder ein Wochenende vor der Tür steht, da steht das Thema Sex natürlich ganz oben auf der Agenda. Also, der Mann arbeitet oder er wohnt, wobei der Bereich Sex eindeutig der Arbeit zugerechnet werden muss. Und deswegen muss der Mann damit auch ganz schnell fertig werden. Oder wie unsere amerikanischen Freunde sagen: „Wham, bam, thank you Ma' am."

Und wenn ein Mann wohnt, da kann von Hightech keine Rede sein, dann läuft sein Gehirn auf dem Niveau der 50er-Jahre. Da fahren noch Dampflokomotiven auf und ab, puffpuffpuff, sie werden von Rangierern mit roten Laternen eingewiesen, Signale werden noch an Drähten gezogen und die Gedanken der Männer werden von ganz kleinen Männchen auf Sackkarren transportiert. Gaaaaanz langsam, das sind alles Verdi-Mitglieder, die sind sehr, sehr langsam. Und deswegen dauert es natürlich auch eine sehr lange Zeit, bis so ein Satz wie: „Bringst du mal ein Bier mit?" im Sprachzentrum angekommen ist. Dort wird dann ein Sprachbefehl ausgestellt, nix Telefon, nix E-Mail, nein, so wie früher, auf einen Zettel wird das geschrieben. Dann gibt es einen Boten, der von da zur Zunge läuft, denn die Zunge muss es ja sagen: „Bringst du mal ein Bier mit?" Ich stelle mir vor, das ist so ein alter Briefträger, so wie früher beim ZDF, der Herr Sparbier, der hat so eine Postmütze auf und eine alte Ledertasche um, er läuft los, Richtung Zunge. Unterwegs guckt er mal drauf auf diesen Zettel, liest den Satz und denkt: „Oh, Bier, superwichtig", fängt an zu rennen, haut der Zunge den Befehl hin, die Zunge sagt: „Bringst du mal ein Bier mit?", der Mann bekommt das Bier und kann seinen Zustand des Wohnens fortsetzen. So weit, so wunderbar.

Kommen wir nun zum Beispiel mit Aussprechsperre anhand der Frage – Sie erinnern sich – „Willst du mich heiraten?". Ich stelle mir folgende Situation vor: Heike-Meike steht da zusammen mit ihrem Verlobten Sven-Ole im Teutoburger Wald rum. Sven-Ole denkt den Satz: „Willst du mich heiraten?" Seit acht Jahren hat er den Satz bereits im Kopf. Gut, der Satz, der steht bei ihm nicht in leuchtenden Buchstaben da, nein, das kann man so nicht sagen, der ist mehr so aus rohen Brettern zusammengekloppt, aber der Satz ist da, deutlich zu sehen. Heike-Meike weiß das natürlich noch nicht. Sie steht neben Sven-Ole und denkt: „Dibberdibberdibber, warum sagt er es denn nicht? Er müsste es allmählich mal sagen, ich weiß auch nicht, was er hat. Nach all der langen Zeit müsste es mal langsam kommen. Oh, warum sagt er es nicht? Oh, oh, oh, was soll ich nur machen, er sagt es nicht. Am besten, ich rufe mal meine Mutti an."

„Oh, Mutti, er sagt es nicht, er sagt es nicht, er sagt es nicht!"

Und die Mutti sagt: „Du musst eben warten!"

„Aber ich warte schon acht Jahre und er sagt es nicht!"

Und die Mutti sagt: „Frag doch mal deine Freundin, die Moni, die ist doch immer so schlau!"

Jetzt ruft Heike-Meike die Moni an. „Er sagt es nicht, er sagt es nicht!"

Und Moni sagt: „Dann musst du eben warten!"

„Ich warte doch schon acht Jahre, aber er sagt es nicht!"
„Dann musst du eben länger warten!"
Heike-Meike denkt jetzt: „Warum? Warum? Oh, wahrscheinlich liegt es an mir. Bestimmt. Ich bin ihm zu dick, zu hässlich, zu doof, bestimmt bin ich zu dick. Ich muss in die Therapie! Ich geh in die Therapie!"
Und Sven-Ole denkt: „Was ist sie denn so nervös? Ich denke es doch schon seit acht Jahren, das reicht doch eigentlich!"
Nichtsdestotrotz, nach einer langen Zeit kommt der Satz doch noch im Sprachzentrum an, der Sprachbefehl wird ausgestellt, auf einen Zettel, der Briefträger mit seiner Postmütze läuft wieder los, Richtung Zunge, unterwegs guckt er wieder drauf auf den Zettel, liest den Satz und sagt: „Was? Heiraten? Das sagst du nicht!"
Und haut den Zettel in die nächste Mülltonne. Und dann liegt der Satz in der Mülltonne und wird nicht gesagt. Und so kommt es immer, dass Männer denken, dass sie was gesagt haben, es in Wirklichkeit aber nicht gesagt haben, das ist die Aussprechsperre, jetzt wissen Sie Bescheid!

In einem Punkt muss ich Heike-Meike aber doch recht geben: Irgendwann ist wirklich mal Schluss mit lustig. Letztendlich ist für jeden Mann die Ehe so unausweichlich wie die Steuer. Irgendwann ist er dran. Denn irgendwann wird es komisch für den Mann, wenn er nicht verheiratet ist. „Guck mal der, in dem Alter, und immer noch Junggeselle? Dann wohnt der bestimmt auch noch bei der Mutti!"

Und egal, was dann letztendlich den Ausschlag gibt, Langeweile oder die nackte Geilheit oder tatsächlich einfach nur Liebe oder die Erkenntnis: „Ja, verdammt nochmal, wenn es alle tun, dann kann ich es doch auch tun!" Irgendwann ist es so weit.

Natürlich fragt sich dann jeder Mann: „Ist das wirklich dein Wunsch? Mit dieser Frau? Klar, die, die sieht gut aus, aber ausgerechnet die? Und nach der kommt nichts mehr? Ich meine – so gar nix? Ist sie wirklich die, mit der ich alt werden will? Wirklich? So richtig alt? So eines Tages vielleicht sogar 50 Jahre alt? Boah, dann wäre sie ja 45! So alt? Vielleicht sind wir dann schon Großeltern! Oma und Opa! Und ich muss dann jede Nacht mit einer Großmutter schlafen! Kann ich denn überhaupt so einer alten Frau treu sein? So richtig in echt total treu?"

Das ist für Männer sowieso ungeheuer schwer, die Frage nach der Treue. Die Männer wissen, was ich meine. Fragen Sie doch mal so einen alten Ehehasen nach der Treue. Die Frauen haben nicht die geringste Ahnung, wie schwer das ist. Klar, ich weiß, viele Männer sagen: „Treue ist für mich überhaupt kein Problem. Ich bin die meisten Male treu!"

Und doch weiß jeder Mann, die Treue, das ist eine dünne weiße Linie, die quer durchs Leben gezogen wird. Wie es Johnny Cash bereits in seinem wunderbaren Lied „I walk the Line" beschrieben hat. Auf dieser dünnen weißen Linie strauchelt so mancher Mann oder fällt gar hin. Andere marschieren schnurgerade an ihr entlang. Solche

Männer sind die stillen Helden der Ehe. Männer, die nicht viel Aufhebens machen und trotzdem jeden Tag, den der liebe Herrgott werden lässt, ergeben und vor allem treu ihre Pflichten als Ehemann erfüllen. Es gibt sie durchaus, diese Männer, die ihr einmal gegebenes Wort auch halten!

Und dann gibt es noch einen Punkt, den ein Mann beachten muss, bevor er heiratet: die Schwiegereltern, die heiratet er ja mit. Das ist der Genpool, aus dem die Auserwählte stammt. Mein Tipp an die Männer: Die Schwiegermutter müsst ihr euch ganz genau angucken. Denn jeder Mann muss eines wissen: Genauso wird seine Frau einmal in circa 30 Jahren aussehen. Und der Mann muss sich nur eine Frage stellen: Will ich das? Will ich wirklich jeden Morgen neben dieser Erscheinung wach werden? Ich weiß, jetzt macht sich bei vielen Männern das blanke Entsetzen breit! Tut mir leid, aber hier bin ich einfach zur Wahrheit verpflichtet.

Und wenn man heiratet, dann wohnt man ja auch zusammen! In unserem Kulturkreis ist das so üblich! Das ist das Schwierigste überhaupt. Denn dann ist die Frau immer da! Immer! 24/7! Twenty-four-seven! 24 Stunden täglich und das an sieben Tagen der Woche! Und die Frau, die sieht jetzt alles! Und die hört auch alles! Dann kommen zum Beispiel Sätze wie: „Merkst du eigentlich, wenn du mit deiner Mutter telefonierst, dann bist du ganz anders. Ganz anders. Da hast du plötzlich einen ganz anderen Ton in deiner Stimme."

oder: „Merkst du eigentlich, dass du deiner Mutter immer recht gibst? Also mir gibst du nicht immer recht. Aber wenn deine Mutter das Gleiche sagt, dann hat sie natürlich recht."

Und nun wohnt man zusammen! Männer wohnen ja bekanntlich sehr gern, aber nicht unbedingt mit einer Frau. Denn das heißt ja vor allem für den Mann, die Frau ist immer da. Stellen Sie sich mal vor, Sie haben als Mann einen Beruf, wo Sie schon auch mal früher nach Hause kommen als sonst. Es war nicht viel los und der Chef hat gesagt: „Mach mal früher Feierabend." Dann wohnen Sie in Ihrer Wohnung ungestört ein paar Stunden. Aber um 18 Uhr kommt dann Ihre Frau nach Hause. Auch müde von der Arbeit. Und die will jetzt rein. Die klingelt nicht an der Tür und Sie sind an der Gegensprechanlage: „Nee, du, es passt jetzt gerade nicht, versuch's doch im nächsten Herbst noch mal." Nein, die kommt einfach rein, die hat einen Schlüssel! Die darf das! Das ist völlig legal!

Und es gehen einem all die kleinen Macken, die Unzulänglichkeiten durch den Kopf, die man sich so im Laufe des Singlelebens zugelegt hat. Macken, die sind ja ein Thema für sich: Ich kannte mal einen Mann, der hat seine getragenen Socken immer mit in sein Kopfkissen gestopft und darauf schlief er dann. Mit dem Kopf auf seinen getragenen Socken – das ist schon sehr speziell. Können Sie sich vorstellen, wie die Frauen das finden? Ich will es mal so ausdrücken: Sein persönliches Verführungsumfeld war dadurch relativ eingegrenzt. Ich habe ja auch jede Menge Macken, ich will nur die harmloseste nennen. Zum Beispiel, dass ich bei mir zu Hause mitten im Flur diese riesige Carrera-Bahn habe, Streckenlänge 16 Meter 30, mit zwei Brücken, aber meine Liebste, die toleriert das. Die steigt da drüber und lacht auch noch! Und meine ganzen anderen Macken, die ignoriert sie auch. Aber trotzdem frage ich mich manchmal: Wenn all meine Macken der nichts ausmachen, was muss die erst selber für Macken haben, von denen ich überhaupt noch gar nichts weiß!

AB WANN IST EINE BEZIEHUNG EINE RICHTIGE BEZIEHUNG?

Von: Marina M. von Bord der „MS Albatros" zzt. auf
See 37° 43′ 58 N, 26° 17′ 10 W
Betreff: Ab wann ist eine Beziehung eine richtige Beziehung?

Lieber Horst
(ich darf Sie doch sicher so ansprechen?),

ich habe mit meinem Freund diese Kreuzfahrt angetreten, mit der festen Absicht, hier an Bord der schönen MS Albatros bei einer zehntägigen Atlantiküberquerung ohne Landgang unsere Beziehung zu stabilisieren. Ich hatte mir alles so schön gedacht! Jetzt sind wir aber schon fünf Tage auf See und waren sogar schon zwei Mal zum Essen am Kapitänstisch. Und was soll ich Ihnen sagen, ich wurde aber gar nicht beachtet, obwohl ich extra das schöne, neue rote Cocktailkleid von Toni Gard anhatte.
Nein, mein Freund hat mich noch nicht mal dem Kapitän vorgestellt. Das musste ich dann selbst übernehmen. Und in diesem Moment, in dem ich Ihnen das hier schreibe, hockt er schon wieder oben auf der Brücke, hält die

Mannschaft von der Arbeit ab und fachsimpelt wahrscheinlich wieder mit dem Kapitän herum. Er tut dann immer so, als wenn nun gerade er die große Ahnung hätte von Seefahrt und Navigation und so. Dabei habe ich ihn nur einmal bei uns in Hamburg auf der Alster in einem Optimisten *(Anm. d. Lektorin: Der „Optimist" ist ein kleines Kindersegelboot für Anfänger.)* gesehen, wie er beim Anlegeversuch am Club fast ins Wasser gefallen wäre. Ich hatte damals schon schwere Zweifel, habe die aber leider zur Seite geschoben. Und nach dem Dinner ist er immer total müde und will sofort ins Bett, aber natürlich nur, um zu schlafen.

Dabei will ich doch nur das eine von ihm: Ich will mit ihm sprechen, endlich mal über uns beide sprechen und darüber, wie er sich das vorstellt und wie es nun mit unserer Beziehung weitergehen soll.

Herr Schroth, was soll ich tun?

Maßlos seekrank und enttäuscht

Ihre
Marina M. aus Hamburg-Poppenbüttel

Hier haben wir natürlich ein ganz typisches Problem. Die meisten Männer, das habe ich Marina auch geschrieben, wissen nämlich gar nicht, dass sie überhaupt in einer Beziehung leben. Sie wissen es schlicht nicht! Sie ahnen es vielleicht dunkel. Ja, da im Hintergrund ist eine Frau, die will immer irgendwas von mir ... Aber, dass das jetzt eine Beziehung sein soll, das weiß so ein Mann nicht. Auch alte Ehehasen sagen immer wieder: „Ja, ja, klar, verheiratet bin ich schon lange, ja, sicher, was, wie lange? Ja, ääh, ja, lang genug auf jeden Fall, ja, ja, aber eine Beziehung? Nö, nö!"

„Ja, wieso? Ihr habt doch schon drei Kinder!"

„Was, schon drei? Oh, der da auch? Oh, ja, grüß dich!"

Für eine Frau ist eine solche Situation unvorstellbar. Die weiß genau, ob sie eine Beziehung hat oder nicht. Die weiß auch genau, wann die angefangen hat, die Beziehung. Auf den Tag, auf die Stunde, auf die Minute genau wissen Frauen das. O.k., wann eine Beziehung endet, das kriegt jeder Mann früher oder später mit. Auch der größte Holzkopf kriegt irgendwann mit: „Jetzt ist Schluss!" Aber wann so eine Beziehung beginnt, das weiß so ein Mann nicht. Im Gegensatz zu den Frauen kennt er den Punkt nicht, den Knackpunkt, ab dem eine Beziehung auch so

genannt werden kann, eben diesen „Point of no Return".
Der Punkt ohne Wiederkehr. Das ist der Zeitpunkt, an
dem eine Rückkehr an den Ausgangspunkt nicht mehr
möglich ist.

Piloten kennen diesen Punkt, wenn sie zum Beispiel nach
Amerika fliegen und ihre Instrumente ihnen irgendwo
über dem Atlantik den „Point of no Return" anzeigen.
Das heißt, der Sprit reicht nicht mehr, um zurückzufliegen, sie können jetzt nur noch geradeaus nach Westen.
Oder, um es mal ganz verständlich auszudrücken, beim
Orgasmus des Mannes zum Beispiel ist der „Point of no
Return" der Zeitpunkt, an dem die Ejakulation nicht
mehr aufzuhalten und damit unausweichlich ist.
Die Betonung liegt jetzt auf „unausweichlich". In einer
Beziehung kommt dieser Punkt für den Mann komplett
überraschend, also Knall auf Fall: Gehen Sie mal mit offenen Augen an einem schönen Tag durch Ihre Stadt. Da
sehen Sie irgendwo ein Pärchen in einem Straßencafé sitzen, beide schlürfen ihren Cappuccino, der Mann blinzelt
in die Sonne und denkt – man kann es ihm ansehen – an
nichts. Ja, meine Damen, wir Männer können das wirklich: einfach an nichts denken.
Und plötzlich sagt sie: „Und???"
Er, aufgeschreckt: „Äääh, äääh??????"
Sie: „Ja, und? Wie hast du dir das jetzt so vorgestellt?"
Er: „Wie, vorgestellt?"
Sie: „Stell dich jetzt bitte nicht dümmer an, als du bist!
Wie du dir das vorgestellt hast, will ich wissen."

Er: „Wie jetzt?"

Sie: „Wie das jetzt weitergehen soll natürlich. Wie soll das bitte weitergehen?"

Das übrigens ist eine typische Frauenfrage, diese Frage, wie es weitergehen soll. Für Frauen muss es ja immer weitergehen. Männer sind meist sehr zufrieden mit dem, was sie gerade haben. Außer vielleicht bei ihrem Auto oder ihrem coolen Rennrad sind sie ja grundsätzlich erst mal anspruchslos. Frauen aber reicht das nicht, es muss immer weitergehen, weiter, weiter, weiter, sie müssen wissen, was hinter der Kurve, dem Hügel, der nächsten Ecke auf sie wartet, sie haben nicht nur den Blick, nein, sie haben den Durchblick, den Weitblick, den Überblick, sie sind Superwoman und sind deswegen serienmäßig mit Supervision ausgestattet. *(Anm. d. Autors: Wozu Frauen mittels dieser Supervision noch fähig sind, habe ich übrigens ausführlich im Kapitel „Es gibt keine zweite Chance, einen ersten Eindruck zu machen" beschrieben.)*

Aber zurück zu dem Pärchen im Straßencafé.

Er: „Ja, weitergehen, ja, gut, ja wie … ja, wir trinken jetzt noch einen Cappuccino und dann …"

Sie: „Nein! Du hörst mir leider überhaupt nicht zu! Ich will wissen, wie das mit unserer Beziehung weitergehen soll!"

Patsch – und da hat er's! Eine Beziehung! Jetzt ist es raus, jetzt weiß er es, er bekam es gerade aus kompetentem Mund mitgeteilt – er hat eine Beziehung! Beim Mann setzt jetzt unmittelbar die Schockstarre ein, das heißt, die gesamte Maschinerie seiner inneren Organe fährt erst mal hoch und dann gleich wieder komplett runter. Und wir sprechen hier von einem Mann, in dessen Leben das Wort „Furcht" immer ein Fremdwort war, ein Mann, der sich auf dem Rummelplatz völlig angstfrei in den „Sky Spin", „Sky Shot" oder „Tower of Fear", kurz in jeden erreichbaren Kotzomaten setzt. Ein Mann, der auf einer Hiking Tour durch das Death Valley einer Klapperschlange gekonnt aus dem Weg gegangen ist und dabei nicht mal seinen Schritt verlangsamt hat, ein Mann, der bei einer Pinkelpause auf einer einsamen Landstraße in Swaziland plötzlich einem Breitmaulnashorn gegenübergestanden hat und sich nur mit einem kalkulierten und coolen Sprung hinter das Lenkrad seines Jeeps retten konnte. Und dieser Mann tut nun etwas, was er in seinem ganzen Leben noch nie getan hat: Er aktiviert beim harmlosen Wort „Beziehung" seine Alarmzentrale, seine Amygdala. Diese kleine, mittig im Kopf des Mannes gelegene Hirnregion, die jetzt das Angstsignal empfängt. Die wiederum gibt das Signal weiter an die Stelle in der Hirnrinde, die wiederum die Schockstarre auslöst. Herzrasen, hektischer Atem und schweißnasse Hände sind die unmittelbaren Folgen. Der Mann wird erst mal sitzen bleiben, um die Information „Beziehung" nach und nach zu verarbeiten.

Es liegt nun an der Frau, diese Schockstarre beim Mann allmählich zu lösen. Mir liegen Berichte von Frauen vor, die auch noch Jahre später daran arbeiten. Bei einem Paar im sauerländischen Lüdenscheid dauerte es, so berichten es die mittlerweile 25-jährigen Zwillingstöchter, sogar bis drei Jahre nach der Silberhochzeit.

WARUM IST EINE FRAU ZU HAUSE DIE CHEFIN?

Von: Jennifer J., Bad Rothenfelde
Betreff: Warum ist eine Frau zu Hause die Chefin?

Hallo Horst,

ich erlaube mir diese vertrauliche Anrede, weil ich Sie nach einer Ihrer Vorstellungen bei uns in Bad Rothenfelde angesprochen habe. Sie werden sich vielleicht nicht erinnern, aber Sie waren dann so nett und haben mit mir und meinem Mann noch eine Weile geplaudert. Ich weiß noch genau, wie sehr ich über manche E-Mail, die Sie an dem Abend vorgetragen haben, gelacht habe, und hätte nie gedacht, dass ich auch mal an Sie schreiben müsste, aber jetzt ist es so weit. Vor ein paar Tagen hatte ich nämlich einen Riesenkrach mit Oliver (das ist mein Mann), weil er plötzlich behauptet hat, wir Frauen (und er meinte wirklich alle, also auch mich) würden uns zu Hause so aufführen, als seien wir, wörtlich, „Despoten und Alleinherrscher", die Männer hätten nichts zu sagen. Und das alles nur, weil ich mich bei der Auswahl einer kleinen Stehlampe durchgesetzt habe. Mir gefiel die mit dem polierten Alufuß absolut nicht, ich wollte nun mal die mit Messing.

Ich habe es vor Oliver nicht zugegeben, aber es ist schon so, dass ich, was unser Haus angeht (wir bewohnen ein schönes Eckreihenhaus), den Ton angebe. Auch unseren Garten, das sind zwar nur vielleicht 100 Quadratmeter, aber immerhin, gestalte ich. Da lasse ich ihn auch nicht reinreden, denn von Pflanzen hat er keine Ahnung. Und die Pflege übernehme sowieso immer ich. Das gilt auch für meine Katze, die er natürlich auch nicht leiden kann. Er wünscht sich einen Hund, aber ich finde Hunde so eklig dreckig, ständig haaren sie ganz furchtbar und außerdem rammeln sie einem immer am Bein rum.

Also hier meine Frage: Ist es wirklich so, wie Oliver sagt, dass die Frauen immer Chef sein wollen? Aber egal, was Sie dazu sagen, ich jedenfalls bin mit meiner Rolle ganz zufrieden und sehe keinen Grund, das zu ändern.

In der felsenfesten Überzeugung, dass Sie meine Sichtweise bestätigen, denn es kann nur diese eine, also die meine, geben,

Ihr treuer Fan
Jennifer

Mir ist zwar auch unbehaglich dabei, aber Jennifer beschreibt hier exakt das, was ich auch immer wieder bestätigt sehe: dass die Frauen in der häuslichen Umgebung die Chefs sind. Ob es um Einrichtungsfragen geht, Möbel, Teppiche, Teppichböden, Lampen, Tapeten, Laminat oder Parkett, Fliesen, Kacheln, Dekoteile, Farbauswahl oder Beleuchtungskonzepte, die Frage, nehmen wir Leder oder Stoff, mit Streifen, Punkten oder Tieren drauf, Gardinen oder Jalousien, Plissee oder glatt, matt oder Hochglanz, Edelstahl gebürstet oder poliert, und endlos so weiter, nicht zu vergessen die Zimmerpflanzen – das alles entscheiden die Frauen. Weltweit! Ohne Ausnahme! Jährlich im Januar findet in Köln die weltgrößte Möbelmesse statt und jährlich bin ich dort, im Dienste meiner Zuschauer und Leser, um mit Ausstellern, mit Innenarchitekten, mit Einrichtungsberatern aus der ganzen Welt zu sprechen. Und alle – ich wiederhole: alle – bestätigen mir, dass es genauso ist, wie der kreuzbrave und sicherlich grundgute Oliver aus Bad Rothenfelde vermutet: In der Wohnung, im Haus ist die Frau die Chefin.

In Deutschland nennen wir die Person in dieser Funktion „Oberkommandierende", in den USA heißt das „Commander in Chief" und in Lateinamerika „Comandante en Jefe". In der Wohnung! Da haben wir Männer einfach nicht das Geringste mitzubestimmen. Das müssen wir quasi als Naturgesetz klaglos anerkennen. Wenn ein Leser über diese Zeilen stolpern sollte und sich sagt: „Moment mal, Schwachsinn, bei mir zu Hause bin ich der Chef! Da mache ich die Ansagen und sonst niemand!" Kann sein, dass es irgendwo so einen Mann gibt, vielleicht hält er sogar in diesem Augenblick dieses Buch in der Hand, kann sein, ich möchte ihn jedenfalls gar nicht kennenlernen. Dann sage ich diesem Mann: „Machen Sie den Test, ob es wirklich so ist. Testen Sie Ihre Position. Für diesen Test allerdings brauchen Sie nur zwei Dinge: Chuzpe und eine Stoppuhr. Der Test wird so durchgeführt: Sie hängen in Ihrem Haus, in Ihrer Wohnung ohne jede Vorankündigung, ohne jedes Vorgespräch mit Ihrer Frau, dann, wenn Ihre Frau gerade mal nicht da ist, dann hängen Sie mal andere Gardinen auf. Statt weiße zum Beispiel mal rote, so richtig in Ferrari-Rot! Das ist der Teil, der Chuzpe erfordert. Dann kommt Ihre Frau nach Hause und sobald die den ersten Raum betritt und die Gardinen sieht, starten Sie Ihre Stoppuhr! Und wenn es um Sie herum wieder so ruhig geworden ist, dass Sie einen Gedanken fassen können, rufen Sie mich bitte sofort an und sagen mir, wie viele Sekunden Ihre Gardinen über-lebt haben. Ich wette mit Ihnen, Sie haben in Ihrem Leben nichts schneller sterben sehen als Ihre roten Gardinen."

Ich spreche da natürlich aus Erfahrung. Ich habe mal vor einiger Zeit mit einer Dame zusammengelebt, die wollte in der ganzen Wohnung einen weißen Teppichboden haben. Wie Sie sich denken können, war ich strikt dagegen, aber keine Chance. Der Teppichboden wurde angeschafft und verlegt. Überall! Und schneeweiß! Aus Wolle! Und mit einem circa vier Zentimeter langen Flor! Überall! Auch im Badezimmer lag dann dieser schneeweiße Teppichboden! Es war die Hölle. Jedes Mal wenn ich mich beim Rasieren geschnitten hatte, musste ich zum Bluten rüber zum Nachbarn! Und es kam, wie es kommen musste: Ich bin ausgezogen, aber der Teppichboden blieb!

MÄNNER PUTZEN NICHT SAUBER GENUG UND ZUHÖREN KÖNNEN SIE AUCH NICHT

Von: Dorle H., Schwäbisch-Hall
Betreff: Männer putzen nicht sauber genug und zuhören können sie auch nicht

---

Sehr geehrter Herr Schroth, lieber Horst,

wenn mein Mann, der Gotthilf, mal putzt, ist es, obwohl er sogar gebürtiger Schwabe ist, einfach nicht sauber, und wenn ich sauber schreibe, dann meine ich auch sauber im schwäbischen Sinne von sauber! Und wenn ich es ihm dann sage, dann hört er mir nicht zu. Ist das normal? Manchmal glaube ich fast, der Gotthilf ist behindert. Könnte das sein?

Aus ihrer blitzblanken Küche grüßt

Ihre
Dorle Hämmerle

Hier haben wir eine Mail vorliegen, die zwei der größten Vorwürfe beschreibt, die wir Männer immer wieder hören müssen. Ich bin froh, dass ich hier einmal darauf eingehen kann. Sehen wir uns zunächst den zweiten Vorwurf, der Mann höre nicht zu, etwas näher an. Diesen Vorwurf finde ich im höchsten Maße ungerecht, denn er trifft nicht zu! Nein! Ich will Ihnen das gern mal nahebringen: Es kommt nämlich, meine sehr verehrten Leserinnen, auf den Gesprächsinhalt an. Stellen wir uns mal vor: ein ganz normales Paar, Alltag in Deutschland. Es ist gerade Wochenende und beide halten sich zu Hause auf. Ein normales Einfamilienhaus in einer normalen Straße, in einer ganz normalen Stadt. In, sagen wir mal, Schwäbisch-Hall. Normaler geht nicht. Das Paar macht Feierabend classic, das heißt, der Mann wohnt, die Frau rödelt. Und damit der herrschende häusliche Friede auch gewahrt bleibt, befinden sich beide an den voneinander entferntesten Punkten im Haus. Sie rödelt im Keller in irgendeiner Ecke herum, er ist auf dem Dachboden – im Schwabenland wird dieser Teil des Hauses interessanterweise „Bühne" genannt – und guckt aus der Dachluke heraus. Das übrigens ist auch eine Form des Wohnens, einfach mal scheinbar sinnlos aus der Dachluke herauszuschauen.

Durch den räumlichen Abstand zu seiner Frau, so denkt der Mann, kann ja gar kein Stress aufkommen. Da hat er recht, denn wie ein Polizist mir unlängst sagte: „Stete Nähe verleitet zum Mord." Zur Untermauerung seiner These verwies er auf die Kriminalstatistik, nach der die meisten Morde innerhalb der Familie geschehen. Die Frau ist also im Keller in einer Ecke und rödelt. Und weil sie gut gelaunt ist, fragt sie ganz leise, fast wie quasi zu sich selbst: „Soll ich dir ein Bier mitbringen?" Das hört der Mann in seiner Dachluke ganz genau und ruft laut runter: „Jaaa, bitteeee!!!" Die Frage nach dem Bier zu hören, ist also für den Mann kein Problem!

Das war der einfache Fall. Ist der Gesprächsinhalt aber ein anderer, sieht die Sache mit dem Zuhören schon ganz anders aus. Das sind dann die schwierigen Fälle: Es gibt Gespräche, die fangen aus Sicht des Mannes ganz harmlos an und er lässt sich zunächst darauf ein. Und dann plötzlich, für den Mann überraschend, nimmt das Gespräch einen für den Mann gefährlichen Verlauf, es gleitet blitzartig über in ein Beziehungsgespräch. Und das ist etwas, das jeder Mann unbedingt vermeiden will. Denn jetzt wird es kompliziert. Wenn die Frau zum Beispiel so was sagt: „Hör mal, mein Lieber, ich muss da mal was mit dir besprechen, so geht es nicht weiter. Du musst für die Beziehung einfach mehr Zeit haben. Zeit ist wichtig für die Beziehung, sehr wichtig. So eine Beziehung, weißt du, ist ein kleines, zartes Pflänzchen! Und dieses Pflänzchen muss man gießen. Und gießen

kann man es mit Zeit. Dann kann das Pflänzchen wachsen und sich weiterentwickeln. Und ich möchte, dass sich unsere Beziehung weiterentwickelt! Das willst du doch sicher auch? Oder? Oder etwa nicht?
Na, siehst du, wenn du es auch willst, dann musst du auch etwas dafür tun! So wie wir das hier machen, geht es jedenfalls nicht weiter, das gefällt mir überhaupt nicht! Das mache ich auf gar keinen Fall mit! Wir könnten mal zusammen was unternehmen, in zwei Tagen ist Wochenende und du hast wie üblich wieder mal nicht die leiseste Ahnung von dem, was wir machen könnten! Stimmt's? Nicht die leiseste Ahnung! Und ich will jetzt nichts von Fußball hören! Die Betonung liegt auf ‚zusammen machen'! Jetzt tu bitte nicht so überrascht! Dieser Gesichtsausdruck! Der geht mir so auf den Keks! Wir könnten mal zusammen rausfahren, irgendwohin, wo es schön ist, oder mal ausgehen, Kino, Theater, Konzert, was Schönes eben, aber dir fällt ja nichts ein! Oder mal was ganz anderes machen, mal wieder in ein schönes Restaurant gehen! Da hat ein neues aufgemacht, gleich hier um die Ecke, das könnten wir doch mal ausprobieren. Wie, du kennst das nicht? Ja, ich kenne es doch auch nicht, mein Lieber, das ist doch der Witz! Man kann es doch mal kennenlernen!
Typisch! Alle, alle waren schon mal da, ich mal wieder nicht! Weil ich dich nicht aus dem Haus kriege. Alle anderen ja, ich nein! Du könntest mich mal überraschen, wenn du da mal einen Tisch reservieren würdest, nur für uns beide, ein schönes Candle-Light-Dinner mal

zur Abwechslung. Einfach mal anrufen dort und einen Tisch reservieren! Ist das denn zu viel verlangt? Den ganzen Tag lang hängst du am Telefon rum und telefonierst und telefonierst, sogar im Auto wird stundenlang telefoniert, dafür hat sich der Herr ein Auto mit Freisprechanlage gekauft, damit er ständig telefonieren kann, aber auf das Naheliegende kommt er nicht, einfach mal den Hörer in die Hand nehmen und für sich und seine Frau einen Tisch reservieren.

Wie? Ja, klar, ich könnte das wohl auch machen, natürlich, aber du, du sollst es machen. Oh, ich bin es so was von leid, dass ich mich um alles kümmern soll, so was von leid ..."

Das ungefähr also sagt die Frau zu ihrem Mann. Und wenn die Frau all das sagt, dann hört der Mann zwar ein Geräusch, aber, wie die aktuelle Männerforschung bestätigt, er kann das, was er da hört, akustisch nicht auflösen. Der Mann hört eben nicht: „Das geht mir so auf den Geist, dass ich das alles machen soll, immer ich, immer ich, weil du einfach zu bequem bist und keine Idee und keine Fantasie hast, keine Visionen, gar nichts, da kommt gar nichts, das geht mir dermaßen auf den Zeiger."

Was er tatsächlich hört, ist das: „Neggeneggeneggeneggeneggeneggenegge!"

Und das ist, meine sehr verehrten Damen, kein schönes Geräusch. Das Nicht-hören-Können ist also bei uns Männern kein böser Wille, es ist einfach biophysikalisch nicht möglich. Sie müssen es einfach akzeptieren: Es gibt Dinge, die können Männer nun mal nicht.

Und so komme ich zu dem anderen Vorwurf: Der Mann putze nicht sauber genug. Das liegt ganz einfach daran, dass Männer keinen Schmutz sehen können. Das ist für Frauen natürlich unvorstellbar. Auf der ganzen Welt sagen die Frauen: „Ja, siehst du das denn nicht?" Nein! Wir können Schmutz nicht erkennen. Ein Mann guckt auf den Boden und merkt: Aha, da unten ist es dunkel. Dass das jetzt Schmutz sein soll, kann er nicht erkennen. Er kann Schmutz visuell einfach nicht auflösen.

Und das liegt nicht etwa daran, dass wir Männer schlechte Augen hätten. Nein, wir sehen andere Dinge sehr genau. Wir können zum Beispiel auf einem streichholzschachtelgroßen Fernseher genau sehen, ob der Spieler da im Abseits war oder nicht: „Das war doch niemals Abseits, was pfeift der Schiri denn da?"

Ein anderes schönes Beispiel: Sie alle kennen sicher den schönen großen Hamburger Rathausmarkt. Da kann ein Mann auf der einen Seite bei der Mönckebergstraße stehen und genau sehen, ob die Blondine auf der anderen Seite, die unter den Alsterarkaden langstöckelt, in 200 Meter Entfernung, ob diese Blondine einen BH trägt oder nicht. Und wenn der Mann auch noch eine Brille aufhat, kann er sogar erkennen, ob der Blondine kalt ist oder nicht. Und der Mann sagt sich: „Oh, wieder Nippelwetter heute!"

Aber Schmutz können wir nicht erkennen. Schwäbische Hausfrauen wie Dorle sehen nicht nur Schmutz, sie sehen sogar einzelne Bakterien! Ich glaube, nein, ich bin sicher, im Schwabenland gibt es Hausfrauen, die können Bakterien sogar auch hören!

WARUM SIND FRAUEN NICHT KOMISCH?

Von: Jessica J., Dietzenbach
Betreff: Warum sind Frauen nicht komisch?

Sehr geehrter Herr Schroth,

gestern hatte ich mit meinem Mann einen fürchterlichen Streit. Es verhält sich nämlich so, dass mein Mann ein begnadeter Witzeerzähler ist. Das ist aber nur seine ganz eigene Meinung. Als Witzeerzähler findet er sich, wie er immer sagt „Weltklasse". Ich hingegen finde das ganz und gar nicht. Vor ein paar Tagen aber kündigte er direkt nach dem Abendessen einen „Super-Witz" an, den müsste ich unbedingt hören. Ich sagte ihm gleich, dass ich dankend verzichte, er ließ sich aber nicht davon abhalten und legte los. Dieser „Witz" war nicht nur nicht gut, er war geradezu toxisch. Den will und kann ich auch nicht wiedergeben.
Ich finde Witze gut, aber es müssen schon auch gute Witze sein. Und der, den er erzählt hat, das war ein sogenannter Witz, den ich auch jetzt noch äußerst geschmacklos finde und auch leider überhaupt nicht witzig.

Nachdem er sich natürlich selbst über diesen „Witz"
kaputtgelacht und dann meine Reaktion wahrgenom-
men hatte, warf er mir vor, ich sei eben eine typische
Frau und Frauen hätten nun mal keinen Humor.
Das sei ja allgemein bekannt und deswegen würde
man in den Kabarett- und Comedy-Sendungen im
Fernsehen ja auch fast ausschließlich Männer sehen.
Ich verließ daraufhin türenschlagend den Raum, wobei
er mir noch nachrief: „Ihr Frauen seid eben überhaupt
nicht komisch!"
Wie sehen Sie das als Fachmann? Sind wir Frauen wirklich nicht komisch?

Ernsthaft neugierig und von Ihnen eine seriöse Antwort
erwartend, aber schon im Voraus dankend

Jessica

Auf so eine ernste Frage kann ich erst mal nur eine ernste Frage zurückgeben: „Wie viele Blondinen braucht man, um eine Glühbirne reinzuschrauben?" Eine! Und das ist überhaupt nicht witzig! *(Anm. d. blonden Lektorin: Genau, das ist überhaupt nicht witzig. Und wenn es drei wären, wäre das übrigens auch nicht witzig, sondern nur unglaublich frauen- und blondinenfeindlich.)* Jessicas Frage kann ich nur mit einem „Ja" beantworten. Sie vermutet richtig! Frauen sind nicht komisch und sie müssen auch gar nicht komisch sein. Aber warum ist das so? Oder andersrum gefragt, warum sind Männer so viel witziger als Frauen? Den Schlüssel zur Antwort gibt uns die Evolutionstheorie, Unterabteilung Sex. Wie wir schon bei Fred Feuerstein und seiner Wilma sehen, sind Frauen unbestreitbar das weitaus schönere Geschlecht. Das heißt, sie genießen bereits per se die ungeteilte Aufmerksamkeit von uns Männern. Die Frauen wissen das natürlich und müssen jetzt nur noch abwarten. Wir Männer laufen voll in der Spur unseres genetischen Programms und dieses Programm schreibt vor: „Der Mann ist scharf auf die Frau." Die Männer rennen hinter den Frauen her, schon mal aus Prinzip, viele wissen noch nicht mal genau, warum. So wie Hunde, die einem Auto hinterherrennen, ohne die Absicht zu haben, es zu fahren.

Was hat die Evolution an Männern da so hervorgebracht? Das Ergebnis lässt sich frühmorgens auf jedem Flughafen besichtigen: eine traurige Ansammlung von hässlichen Typen mit müden Augen und schlecht sitzenden Boss-Anzügen. Und wenn die sich dann bei der Sicherheitskontrolle von einem noch schlechter gekleideten Geschlechtsgenossen abgrabbeln lassen müssen, dann können wir an beider Gesichtsausdruck ablesen, dass dies der einzige Sex sein wird, den diese zwei in dieser Woche haben werden. Und da Männer eben so hässlich sind, wie sie nun mal sind, gibt es für sie zum begehrten Sex nur einen Weg. Sie müssen anregend sein, geistreich, witzig und komisch. Sie müssen die Frauen zum Lachen bringen. Zum begeisterten, lösenden, atemlosen und berauschenden Lachen. Dieses Lachen eben, bei dem die Frauen gar nicht mehr anders können, als den Männern ihre Herzen und ihre Arme zu öffnen. Wenn also damals zu Lysistratas Zeiten die athenischen Männer, statt immer nur diese idiotischen Peleponnesischen Kriege zu führen, ihren Frauen mal ein paar Superwitze erzählt hätten, hätten sie nicht jahrelang darauf warten müssen, wieder mal ins Schlafzimmer eingelassen zu werden. Denn Lysistrata kannte alles Mögliche, aber sie kannte gewiss keinen Spaß.

Und bis heute noch sind Frauen einfach nicht komisch. Und bitte komme mir jetzt niemand mit diesen berühmten Gegenbeispielen wie Liesl Karlstadt, Evelyn Hamann und Anke Engelke oder die unvergessene Heidi Kabel. Ich sage ja nicht, dass es keine weiblichen Komiker gebe, ich sage auch nicht, dass sie auf der Bühne oder im Film schlecht seien. Aber die wenigen, die es gibt, sind angesichts ihrer unzähligen männlichen Kollegen leuchtende Ausnahmen. Außerdem agieren die meisten dieser Damen auf der Bühne nach den männlichen Regeln der Komik und außerdem lassen sich viele von ihnen ihre Texte – pssst! Bitte nicht weitersagen! – von männlichen Autoren, die manchmal sogar ihre Ehemänner sind, auf ihren weiblichen Leib schneidern.

Also, sehr verehrte Damen, für uns Männer seid ihr vieles. Ihr seid schön, verführerisch, attraktiv, anmutig, liebreizend, sexy, sensibel, geheimnisvoll, zärtlich, sinnlich, wunderbar und hinreißend. Außerdem seid ihr auch noch schlau, gebildet, schlagfertig, scharfsinnig und von höchster emotionaler und sozialer Intelligenz und Kompetenz. Und mit jeder einzelnen dieser Eigenschaften steckt ihr jeden Mann doch sowieso schon in die Tasche. Ich denke, das reicht. Da müsst ihr nun wirklich nicht auch noch komisch sein.

DIE SCHWEIGSAMEN MÄNNER

Von: Corinna C., Bargteheide
Betreff: Die schweigsamen Männer

Sehr geehrter Herr Schroth,

bitte können Sie mir helfen? Mein Mann sagt immer nichts, ich frage, aber er sagt nichts. Ich habe fast den Eindruck, je mehr ich frage, desto weniger spricht er. Er ist ja lieb, nur er sagt nichts. Dabei hat er eine so schöne Stimme, aber er ist immer so stumm und ich will doch nicht immer die Einzige sein, die was sagt! Warum sagt er denn nichts?

Mit verzweifelten Grüßen
Corinna

Da haben wir gleich mal den Hauptvorwurf der Frauen an uns Männer: Männer reden nicht, sie kriegen die Zähne nicht auseinander, sie sind überhaupt zu schweigsam. Männer sind geradezu maulfaul. Und da ist was dran. Ein Freund von mir hat sich jetzt von seiner Freundin getrennt. Er hat es mir selbst erzählt: „Du, ich war gerade mal zwei Jahre mit der Frau zusammen, dann ging das Gemaule aber schon los: ‚Ich will wissen, wie du heißt!'" Natürlich, das ist nicht schön. Da fragt man sich schon gelegentlich, ob wir, Männer und Frauen, überhaupt die gleiche Sprache sprechen. Zumindest sprechen wir unterschiedliche Dialekte. Wir Männer sprechen Testosteron und die Frauen sprechen Östrogen. Wir haben einfach, wie uns die Wissenschaft lehrt, verschiedene Kommunikationsstrukturen. Männer reden mit Männern anders, als Frauen mit Frauen reden. Das ist eine banale Feststellung, aber es ist immer wieder interessant, wenn man dieses Phänomen mal beobachten kann.

Zufällig war das vor einiger Zeit bei uns in Hamburg auf der Straße der Fall. Zwei Damen trafen sich, die eine der beiden kam anscheinend gerade frisch vom Friseur.
„Sabine, du warst beim Friseur, das sieht ja toll aus!"
„Ach, sag bloß nix!"

„Nein, ich find deine Frisur wunderschön, allein schon dieser Stufenschnitt! Sooo schön!"

„Ach, sag bloß nix!"

„Also, ich find den super!"

„Ach, sag bloß nix!"

Wir überspringen jetzt mal zwei Stunden ...

„Gaaaanz toll!"

„Ach, sag bloß nix!"

„Ich weiß gar nicht, was du hast, der ist gaaaaaaanz toll, dieser Stufenschnitt, steht dir dermaßen gut! Ich wollte auch immer so einen Stufenschnitt haben, genau so! Aber ich trau mich nicht! Ich dachte, das würde meinen dünnen Hals zu sehr betonen."

„Du? Dünner Hals? Du hast überhaupt keinen dünnen Hals!"

„Doch, doch, ich habe einen ganz dünnen Hals!"

„Quatsch! Überhaupt nicht! Du hast so einen schönen Hals ..."

„Nein, der ist ganz dünn!"

„Unsinn! Du hast doch keinen Hühnerhals, ein Hühnerhals, der wäre dünn, aber du hast einen so schönen, schlanken Hals, ich wünschte, ich hätte einen so schönen Hals wie du! Jeden Schmuck kannst du damit tragen, Ohrringe, Halsketten, einfach alles! Und Broschen. Jede Art von Brosche! Überhaupt kannst du ja alles tragen, ich beneide dich dermaßen, du kannst überhaupt alles tragen, alles kannst du anziehen! Ich kann überhaupt nichts anziehen, mir passt überhaupt nichts, ich habe oben zu wenig, unten zu viel, ich finde nichts, mir passt nichts, ich habe nichts!"

So können Frauen sich stundenlang, tagelang unterhalten, ohne müde zu werden, wir Männer bewundern das ohne Ende, ehrlich!
Jetzt stellen Sie sich bitte mal so ein Gespräch zwischen zwei Männern vor! Wie würde das aussehen? Zwei Männer treffen sich auf der Straße, der eine der beiden kommt anscheinend gerade frisch vom Friseur.
„Na, Manni, warst du beim Friseur?"
„Japp!"

Das war's! Mehr gibt es dazu nicht zu sagen!

FRAUEN UND IHRE HANDTASCHE

Von: Veronika V., Timmendorfer Strand
Betreff: Frauen und ihre Handtasche

Mein lieber Horst Schroth,

ich habe Sie schon oft live auf der Bühne erlebt und habe mir immer vorgenommen, Sie einmal persönlich anzusprechen, habe mich aber dann letztlich nicht getraut.

Ich habe Sie sogar neulich mal bei uns in Timmendorfer Strand gesehen, als Sie ganz privat im Café Wichtig saßen. Aber weil Sie da in Begleitung einer Dame waren, habe ich mich dann schon wieder nicht getraut.

Deswegen kommt jetzt meine Frage per Mail. Mein Mann macht sich immer lustig über meine Handtaschen, aber ohne Handtasche kann ich einfach nicht aus dem Haus. Ich habe es versucht, aber es geht nicht.

Ich schaffe es nicht. Irgendwas Taschenartiges muss ich an mir haben, sonst komme ich mir wirklich vor wie amputiert. Ich habe das ein einziges Mal probiert,

so ganz ohne Handtasche. Es war furchtbar. Jedesmal, wenn ich da hinsah, wo die Tasche sich befunden
hätte, sah ich nichts. Und jedesmal, wenn ich nichts
sah, erschrak ich mich zu Tode. Und als ich dann
begann, Handtaschen in den irrwitzigsten Farben an
meine Hand zu halluzinieren und sogar ein Phantom-
gewicht an meinem Arm zu ziehen begann und immer
schwerer wurde, bin ich wieder nach Hause gerannt
und habe mir die nächstbeste Handtasche geschnappt.
Danach ging es wieder. Oder ist es so, dass ein Teil
unserer Persönlichkeit in der Handtasche steckt und
wir, wenn wir die Handtasche mal nicht dabeihaben,
einen schrecklichen Abspaltungsprozess erleben? Ich
will mir das gar nicht weiter ausmalen. Aber so oder,
ich frage mich schon: Was ist nur mit uns Frauen los?
Warum haben wir Frauen immer so viele Handtaschen
und warum tragen wir immer und überall eine von
diesen Dingern mit uns herum?
In der sicherlich berechtigten Hoffnung, dass Sie mir eine
Erklärung liefern können, mit deren Hilfe ich den Spott
an mir abtropfen lassen kann, und mit sonnigen Grüßen
von der Ostsee

Ihre
Veronika V.

Um dem Phänomen der Handtasche auf die Spur zu kommen, müssen wir uns mal zunächst den häuslichen Badezimmern zuwenden. Wie ich neulich im Fachblatt für Badezimmerkultur, also in der Bild-Zeitung, nachlesen konnte, kommt die neueste Forschung des IIEB, also das auf diesem Fachgebiet führende „Instituto internacional de estudios sobre cuartos de baño" in Sevilla, zu dem Ergebnis, dass eine europäische Frau im Durchschnitt genau 423 Gegenstände im Badezimmer aufbewahrt. 423 Objekte! Im Schnitt! Und wenn die Frauen das Haus verlassen, nehmen sie möglichst viel davon mit. Und genau deshalb brauchen Frauen Handtaschen. Denn Handtaschen sind in Wahrheit nichts anderes als mobile Badezimmer. Und deswegen müsste der Innenraum von Handtaschen von Rechts wegen gekachelt sein.

Natürlich brauchen Frauen die Handtaschen – natürlich auch viele davon, denn sie haben viele verschiedene Outfits und jedes Outfit erfordert eine spezielle Handtasche –, weil sie nicht die praktische Mode wie wir Männer tragen. Ein Mann trägt eine Jacke oder ein Jackett und da ist alles drin, was der Mann braucht. Denn alles, was ein Mann braucht, trägt er direkt am Mann. Er zieht sein Jackett an, macht den Kontrollgriff, pattpattpatt, und kann gehen. Der sogenannte Kontrollgriff wird übrigens durchgeführt, indem der Mann beide Hände in Brusthöhe hält und dann mit den Handflächen einmal kurz auf die Außenseite des Jacketts klopft. Damit kontrolliert er den Inhalt der äußeren kleinen Brusttasche und den der beiden inneren Brusttaschen. Danach gleiten die Hände eine Etage tiefer, er klopft jetzt die beiden äußeren Taschen des Jacketts ab. Und dann werden noch die beiden Hosentaschen von außen abgeklopft. Dabei entsteht eben das typische Kontrollgriffgeräusch pattpattpatt. Falls der Mann die Gewohnheit hat, auch noch etwas in seinen Gesäßtaschen zu verstauen, werden diese natürlich auch noch von außen abgeklopft.

Bei geübten Männern geht das alles in Windeseile. Patt-pattpatt! Wir Männer sind hierbei hocheffizient, wir fackeln da nicht lange. Jackett an, Kontrollgriff, patt-pattpatt, und der Mann kann gehen. Danach steht er in der schon geöffneten Tür, sieht rüber zu seiner Frau und sagt: „Augen auf und Hose zu – ich bin fertig, was bist du?" Eine gute Freundin, der ich das erzählte, hatte dies-bezüglich noch eine Anmerkung: „Stimmt alles, was du da sagst, wenn der Mann aber Italiener ist, dann macht er auch noch so!", sagte sie und griff sich dabei kräftig in den Schritt. Da hat sie natürlich recht. Und das machen nicht nur Italiener, das machen alle Männer, die sichergehen wollen, dass sie all das, was sie im Laufe des Abends viel-leicht noch brauchen, auch wirklich dabeihaben.

Frauen machen selbstverständlich auch den Kontrollgriff. Aber nicht zu Hause, das wäre auch langweilig, denn da guckt ja keiner zu. Den machen Frauen auf jeden Fall in möglichst großer Öffentlichkeit. Denn sie wollen ja, dass andere sehen, dass sie jetzt in der Handtasche das kon-trollieren, was sie vielleicht zu Hause vergessen haben könnten. Das machen sie gern auf den großen Plätzen der Städte, zum Beispiel auf dem Roncalli-Platz in Köln, auf dem der schöne Dom steht, oder auf dem Marien-platz in München vor dem Rathaus, dem Alexanderplatz in Berlin oder eben bei uns in Hamburg auf dem riesigen Rathausmarkt. Da sind viele Menschen unterwegs, viele Einheimische, viele Touristen aus aller Welt, das ist der ideale Platz für den Kontrollgriff. Die Frauen bleiben mir nichts, dir nichts plötzlich stehen, von hundert auf null, Vollbremsung. Dann pressen sie die Knie gegeneinander und gehen leicht in die Hocke. Dann wird die Handtasche auf die Knie aufgebockt. Dabei handelt es sich meist um keine normal große Handtasche mehr, das sind manchmal riesige Kopfkissenbezüge aus Leder und darin verschwinden dann halbe Frauen. Und dann kontrollieren sie Geldbörse, Schlüsselbund, Filofax, Taschenlämpchen und Papiertaschentücher, Schminkzeug, Spiegel, Kreditkarten, Handy, Ersatzakku für das Handy plus das Ladegerät und auch noch den CS-Reizgas-Spray. Da drin! CS-Gas! Da drin! In dem Chaos! Um sich im Notfall verteidigen zu können! Das ist ja so, als wollte ich mein Haus verteidigen und habe die Waffe auf dem Dachboden versteckt.

Liebe Leserinnen, stellen Sie sich bitte vor, Sie sind bei nächtlicher Dunkelheit auf dem Weg nach Hause und plötzlich steht ein maskierter Mann vor Ihnen. „Halt, Überfall!" Und dann pressen Sie die Knie gegeneinander, bocken Ihre Handtasche auf und suchen nach dem CS-Reizgas-Spray! In Ihrer großen Handtasche! Aber sicher hat der Räuber Verständnis für Ihr Gekrame und sagt dann vermutlich: „Lassen Sie sich ruhig Zeit!"

FRAUEN UND KATZEN

Von: Beatrix B., Köln-Nippes
Betreff: Frauen und Katzen

Lieber Horst,

vor einigen Jahren warst du auf deinen Plakaten zusammen mit einem Hund zu sehen. Offensichtlich bist du ein Hundefreund. Ich lebe nach meiner dritten Ehe nur noch mit meinem Kater Felix zusammen. Inzwischen glaube ich ja, dass in meinem persönlichen Umfeld Felix der Kater der einzige Mann ist, mit dem ich überhaupt leben kann. Außerdem ist der Kater kastriert und somit sexmäßig nur noch als Berater tätig.
Mit meinem letzten Freund hatte ich ja ein Riesenpech, denn Felix hat ihn gehasst. Jedes Mal wenn mein Freund mich besuchte, wartete Felix nur auf eine Gelegenheit, um ausführlich und gründlich den Mantel meines Freundes vollzupissen. Mein Freund hat den Mantel immer wieder zur Reinigung gebracht, aber beim nächsten Besuch hat Felix sich wieder darauf verewigt.
Ich war mit dem Tier drei Mal (!!!) beim Katzenpsychologen zu einer Verhaltenstherapie, aber es hat nichts

gebracht. Die Pisserei ging munter weiter. Außerdem war es so, dass der Mantel, obwohl gereinigt, bei auch nur geringster Luftfeuchtigkeit so intensiv nach Katerpisse stank, dass selbst Fahrer von Rauchertaxen sich weigerten, meinen Freund zu transportieren.

Das Letzte, was ich von ihm sah, war, wie er seinen Mantel vor dem Haus in die Mülltonne stopfte und ging. Er kam nie wieder.

Mit einem Hund wäre das wahrscheinlich nicht passiert, oder? Wie ist das denn bei dir? Ich habe gelesen, sogar auf Reisen sollst du deinen Hund mitnehmen und ihn sogar weiblicher Gesellschaft vorziehen.

Neugierig auf deine Antwort und mit blutig verkratzten Unterarmen

deine
Trixie

Ich glaube, Beatrix, oder Trixie, hat eine Tatsache richtig erkannt. Hunde sind Männertiere. Ich weiß natürlich, dass es auch viele Frauen gibt, die Hunde mögen. Aber es gibt, glaube ich, sehr viel mehr Frauen, die auf diese anderen Tiere stehen, die sogenannten Katzen. Das sind diese knochenlosen Tiere, die sich Frauen über den Unterarm hängen können oder im Winter als Nierenwärmer um den Bauch binden. Vorderpfoten mit Schwanz verknoten, das findet auch die Katze klasse.

Vor allem, das ist meine Beobachtung, gibt es viele Singlefrauen, die sich Katzen halten. Ich kenne in Hamburg eine Dame, auch Single, die sogar vier von diesen Katzen ein luxuriöses Zuhause bietet. Und bemerkenswert ist, dass diese Katzen alles dürfen. Aber alles! Sie dürfen alles machen, Dinge tun, für die jeder Mann achtkantig aus der Wohnung fliegen würde: Sie kommen nicht, wenn man sie ruft! Sie bleiben die ganze Nacht weg und sagen nicht, wo sie waren. Und wenn sie mal ausnahmsweise ihrer Besitzerin *(Anm. d. Lektorin: Der Begriff „Besitzerin" an sich ist natürlich falsch. Eigentlich hätte der Autor hier von der „Bediensteten" oder dem „Stubenmädchen" schreiben müssen.)* die Gunst ihrer durchlauchtesten Anwesenheit gewähren, wollen sie nur eines, nämlich fressen und schlafen.

Als ich die betreffende Dame neulich auf dieses Verhalten aufmerksam machte, sagte sie nur: „Ja, das ist ja das Tolle an Katzen. Die sind eben so selbstständig!" Ich würde es begrüßen, wenn die Dame das mal von einem Mann sagen könnte: Mein Mann ist so selbstständig, dafür liebe ich ihn vor allem, für diese Selbstständigkeit. Gerade erst letzte Woche war er nächtelang nicht zu Hause, ich weiß gar nicht, wo er eigentlich war und was er gemacht hat, aber er ist eben so selbstständig. Und dann sagte diese Katzenfreundin auch noch: „Und überhaupt sind Katzen ja auch viel intelligenter als Hunde! Weitaus intelligenter!"
Da konnte ich nur antworten: „Genau! Jetzt, wo du das sagst, fällt es mir auch auf. Viel intelligenter. Wer fängt nachts die Einbrecher? Die Polizeikatze! Diese Dienstkatzen haben auch richtige Uniformen. So kleine blaue Mäntelchen haben sie um, mit der reflektierenden Aufschrift ‚Polizei'. Kein Flughafen ohne Drogenkatze und wenn mal irgendwo in den Bergen eine Lawine runterkommt, wer sucht nach den Verschütteten? Natürlich die Lawinensuchkatze!"

Aber zurück zu der E-Mail von Trixie. Es ist wirklich so. Ich bin Hundefreund. Ich habe tatsächlich einen Hund. Genau gesagt, eine Hündin. Sie ist ein Glatthaar-Foxterrier und heißt Polly. (*Anm. d. Autors: Ich würde hier gern*

aus Gründen des Respekts vor den Damen, die dieses Buch
lesen, die weibliche Form des Begriffes „Glatthaar-Foxterrier"
verwenden, aber es gibt ihn nicht. Leider. Ich habe eigens noch
beim „Verband für das deutsche Hundewesen" nachgefragt,
aber auch dort – Fehlanzeige. Beim Dackel wäre es ja noch
einfach, da könnte man ja von einer Dackelin sprechen. Aber
beim Terrier? Vielleicht Terriereuse oder Terrierette? Oder
Terrine? Nee, geht gar nicht.) Und meinen Hund finde
ich wunderbar. Und es ist mir völlig egal, wenn manche Leute sagen, dass Hundehalter Menschen sind, die
nur zu feige sind, um selber zu beißen. Das ist Quatsch.
Und Trixie vermutet richtig, dass ich auf Reisen meinen
Hund mitnehme. Nicht auf allen Reisen, aber auf meinen
Gastspielreisen ist Polly oft dabei. Überhaupt macht es
großen Spaß, mit einem Hund zu verreisen. Bitte, meine
sehr verehrten Leserinnen, verstehen Sie mich hier nicht
falsch! Ich habe überhaupt nichts dagegen, mit einer Frau
zu verreisen, das kann sehr schön, auch sehr romantisch
sein, gemeinsam Eindrücke sammeln, abends bei einem
schönen Essen zusammensitzen und diese Eindrücke bei
einem tiefen Gespräch zu zweit noch mal reflektieren
und vertiefen, das alles kann schön sein. Sicher, es kann!
Aber mit einem Hund ist es entspannter.

Das geht ja schon im Hotel los. Mit einer Frau ins Hotel,
das kann schwierig werden. Zimmer zu laut, zu leise, zu
groß oder zu klein, ganz ohne Aufzug oder der Aufzug
direkt nebenan, Fenster zu klein oder Fenster groß, aber
dafür keine Aussicht, keine Terrasse, kein Balkon und die

Megakatastrophe: kein Föhn!!! Aber das Allerschlimmste, was einer Frau im Hotel passieren kann: keine Ablageflächen oder zu wenig Ablageflächen! Frauen brauchen ja dringend viele große Ablageflächen! Vor allem im Hotel. Und vor allem im Bad: ein Bad ohne Ablageflächen! Das ist für eine Frau schlicht nicht akzeptabel. Unmöglich!

Dem Hund ist das alles egal. Vor allem das Badezimmer. Da geht der gar nicht erst rein! Ich habe nie den Hund im Hotel sagen hören: „Moment! Erst mal das Badezimmer kontrollieren! Ob das auch sauber ist." Im Gegenteil, wenn es hinten in der Ecke müffelt, dann freut sich der Hund. Das Reisen mit dem Hund hat noch weitere Vorteile. Falls Sie mit dem Auto reisen, im Auto ist Ruhe. Im Gegensatz zu Frauen will sich der Hund im Auto nicht unterhalten, stellt dem Mann auch keine peinlichen Fragen, zum Beispiel nach all den anderen Hunden, die der Mann im Laufe seines Lebens schon hatte. Waren die schöner als ich, waren die schlanker, konnten die mehr und was genau konnten die denn so gut? Die fragen auch nicht so was wie: Und wenn ich mal tot bin, holst du dir dann einen neuen Hund? Kriegt er dann mein Halsband? Und darf der dann in meinem Körbchen schlafen?
Und das Beste an einem Hund ist Folgendes: Seine Mutter kommt garantiert niemals zu Besuch!

SIND FRAUEN WIRKLICH LIEBER MIT EINEM ARSCHLOCH LIIERT?

Von: Beeke B., Middels-Westerloog
Betreff: Sind Frauen wirklich lieber mit einem Arschloch liiert?

Sehr geehrter Herr Schroth,

ich bitte um Verzeihung für meine Ausdrucksweise gleich schon im Betreff, aber wir hier in Ostfriesland lieben klare Ansagen und sprechen gern eine unmissverständliche Sprache. Ich bin nun schon 46 Jahre alt und immer noch Single, gegen meinen Willen, notabene! Außerdem bin ich auch noch Lehrerin von Beruf. Sicher sind Sie auch der Ansicht, dass Lehrer kein Beruf ist, sondern eine Diagnose. Wie auch immer, bitte stellen Sie sich vor: Singlefrau, in Ostfriesland lebend und auch noch Lehrerin, mehr Handicaps braucht nun wirklich kein Mensch! Seit Jahren nun bin ich auf der Suche nach einem Partner, der meine Interessen teilt und der mit mir intellektuell auf Augenhöhe ist. Aber das ist schwierig und hier bei uns in Middels-Westerloog geradezu unmöglich. Ebenso in unserer Nachbarschaft, in Middels-Osterloog, leider nur tote Hose. Und das können Sie wörtlich nehmen. Auch meine Schule in Wittmund bietet wenig Partnerauswahl. Mit den Schülern, das verbietet sich von selbst, und meine Kollegen, die sind ja einfach ohne Worte. Wenn Sie allein schon diese Pullover sehen würden, die spotten ja jedem Versuch der Beschreibung. Glauben Sie mir, da ist nur eine hauchdünne Linie zwischen der äußeren Erscheinung manchen Lehrers und der äußeren Erscheinung eines Obdachlosen. Wir haben jetzt einen Referendar im Kollegium, da habe ich den Eindruck, dass er sich jeden Morgen in einem Textilhaufen wälzt und mit dem, was an ihm kleben bleibt, erscheint er dann in der Schule! Außerdem hat er auch noch einen Vollbart und lange Haare, da sehe ich gar nicht, wo vorn und hinten ist, wenn ich ihn mal ansprechen will. Ich habe mir jetzt angewöhnt, nach dem Pullerfleck Ausschau zu halten, und in die Richtung spreche ich dann.

Nun mögen Sie einwenden, bei uns in der Gegend gäbe es doch den Fliegerhorst Wittmund, wo die Kampfjets des Luftwaffen-Jagdgeschwaders 71 zu Hause sind. Und wo die Eurofighter sind, sind die Piloten nicht weit. Mit anderen Worten: Die heißesten Jungs Deutschlands sitzen direkt vor meiner Haustür. Gut und schön, aber nützen tut mir das nichts. Zwar heißt es ja in dem einen Lied „Piloten ist nichts verboten", aber auch wenn einer dieser scharfen Jagdflieger mich mal an seinen – Achtung: Wortwitz :-))) – Joystick ranließe, auf Dauer wäre das nichts für mich. Kaum hat man sich da in einen verliebt, steigt er in seinen Eurofighter ein und in den Himmel auf und bleibt womöglich für immer da oben.

Da bin ich dann doch zu erdverwachsen und letztlich auch Realist.

Und das, was meine Freundinnen machen – auch alle noch Singles –, taugt für mich überhaupt nicht als Vorbild. Vielen scheint das echt egal zu sein, mit wem sie sich einlassen, Hauptsache, es ist ein Mann. Nein, das stimmt nicht, Hauptsache, er ist ein richtiges – entschuldigen Sie bitte – Arschloch. Nur dann scheint er attraktiv zu sein. Da habe ich grauenhafte Beispiele direkt vor der Nase. Eine Freundin von mir, die Imke, ist eigentlich eine patente Frau. Sie ist sogar selbstständig und betreibt in Wittmund einen wunderschönen Strickladen, die Wollhexe. Aber ihr Lebensgefährte, der Tamme, das ist auch so ein Schlonzbert, der führt sie komplett an der Nase herum. Arbeiten tut er kaum. Angeblich hat er im Kaufhaus „Kieken un Koopen" einen Halbtagsjob als Fachverkäufer für Ostfriesentee, aber niemand hat ihn jemals dort gesehen. Ständig leiht er sich Geld bei Imke und treibt sich dann mit irgendwelchen anderen Tagedieben bis spät in die Nacht in einschlägigen Kneipen herum. Der Gipfel war, als er vor ein paar Wochen vor dem „Waterkant" randaliert hat, weil er dort nichts mehr zu trinken bekommen hat, und Imke ihn am nächsten Morgen auf der Polizeiwache abholen musste. Noch auf der Wache hat er dann Imke beschimpft und ihr die Schuld gegeben, weil sie ihm angeblich nicht genug Geld geliehen hatte, damit er im „Waterkant" seine Zeche zahlen konnte. Und trotzdem – und gegen den Rat eines netten Polizisten – hat sie ihn wieder mit nach Hause genommen. Als ich sie dann fragte, ob sie denn noch alle Wollknäuel im Regal habe, hat sie nur geantwortet: „Weißt du, irgendwo tut er mir ja leid, er weiß ja nicht, wo er sonst hinsoll."

Und meine beste Freundin, die Levke, die als Augenärztin in Wilhelmshaven praktiziert, steht ja auch auf diese Torfjörkel, alles echte Sozialprojekte auf zwei Beinen bzw. auf vier Beinen, weil sie ständig so voll sind wie ein Aquarium. Dabei ist die Levke eine gut aussehende Frau, vielleicht ein wenig übergewichtig, aber ich finde, ihr steht das gut. Als Akademikerin mit Doktortitel müsste sie eigentlich hohe Ansprüche haben. Aber nein, sie sucht sich mit sicherem Griff immer genau die Männer aus, die sie nach Strich und Faden ausnehmen, ausnutzen, sie betrügen und belügen und sie dann auch noch vor ihren nichtsnutzigen Freunden beleidigen und erniedrigen. In meinen Augen ist das der typische aggressive Sexualparasitismus. Wenn es zu schlimm wird, trennt sie sich, aber wenig später hat sie wieder irgendwo einen anderen aufgelesen. Meine Frage an Sie ist: Warum umgeben sich die interessantesten und nettesten Frauen immer mit diesen veritablen Arschlöchern?

Verärgert, verunsichert, aber durchaus fasziniert von dieser mir unverständlichen Attraktivität, die solche Arschlöcher offenbar ausstrahlen, grüßt Sie herzlich und immer friesisch aufrecht

Ihre
Beeke

Das ist ein Phänomen, das wir seit Jahr und Tag beobachten: Die tollsten Frauen haben als Mann die größten Arschlöcher. Man fragt sich, was ist denn da los? Diese Frau, die ist so großartig, so intelligent, so attraktiv, die könnte jeden, aber jeden Mann haben und jetzt hat sie ausgerechnet den? Dieses Riesenarschloch? Ich glaube ja, es hängt damit zusammen, dass es Frauen mehr Spaß macht, sich mit den Freundinnen über Arschlöcher auszutauschen. Ganze Frauenfreundschaften beruhen nur auf dieser Tatsache. Sie hätten gar kein anderes Thema. So wie offenbar im Falle der Freundinnen Beeke, Imke und Levke.

Männer, die zum Beispiel Levke wirklich und ehrlich und wahrhaftig lieben und nett und freundlich zu ihr sind, bedeuten wahrscheinlich keine echte Herausforderung für diese sympathische Augenärztin. Denn der heimliche Wunsch einer solchen Frau ist es, den Typen irgendwann dann vielleicht doch mal umzudrehen und einen richtig netten Mann aus ihm zu machen. Frauen verändern ja grundsätzlich gern, besonders Männer. Auch die Wohnungseinrichtung wird gern mal verändert, aber am liebsten der Mann. Warum also dann mit einem völlig problemfreien Mann zusammen sein, an dem sich gar nichts mehr verändern und verbessern lässt? Das wäre doch extrem langweilig.

Außerdem sagen sich viele Frauen: „Warum überhaupt erst mal den netten Mann nehmen? Er ändert sich ja doch im Laufe der Beziehung, wird also recht bald ein echtes Arschloch. Da kann ich doch gleich mal Zeit sparen und mich von vornherein einem Arschloch zuwenden."

Dazu kommt, dass man am Arschloch ja emotional nicht ganz so sehr hängt wie an einem netten Mann. Deswegen haben Frauen die Situation mit einem Arschloch also auch mehr unter Kontrolle. Zudem sehen Frauen, dass auch alle anderen Frauen offensichtlich mehr zu den Arschlöchern neigen, also muss doch an denen was dran sein. Und Zuneigung und Zuwendung bedeuten einfach mehr, wenn sie einem Typen entgegengebracht werden, der so was eigentlich gar nicht kennt und zu dem das eigentlich auch gar nicht passt. Das Arschloch wird die Frau wahrscheinlich, oder sogar ganz sicher, betrügen. Das ist auch ein Vorteil, weil dann nämlich eine andere seine miesen Qualitäten als Liebhaber ertragen muss. Von daher muss die Frau auch keine Schuldgefühle entwickeln, wenn sie das Arschloch ihrerseits schlecht und herablassend behandelt.

Die Beziehung zu einem Arschloch ist oft auch ehrlicher, denn er wird der Frau gleich sagen, was ihm nicht passt, und nicht erst ein halbes Jahr später. Also, Frauen, steht zu ihm, auch wenn er ein Arschloch ist, und sagt euch: Es ist schlimm, aber der Vorteil ist, schlimmer kann es kaum kommen.

DIE ANFASSLIZENZ

Von: Alina A., Graz/Österreich
Betreff: Die Anfasslizenz

Lieber Horst,

ich bin total verwirrt, ich weiß gar nicht mehr, was eigentlich los ist mit diesen Männern. Die sind ja sowieso komplett durcheinander: Einerseits ist ihr Verhalten so vorhersehbar wie bei dreijährigen Kindern, andererseits scheinen sie auch sehr verunsichert zu sein, dass sie selber nicht mehr zu wissen scheinen, was nun richtig oder falsch ist. Ich muss mir nur meinen eigenen Verlobten ansehen, den Hansi. Wir kennen uns seit genau elf Jahren schon und verlobt sind wir nun seit immerhin vier Jahren. Eigentlich sollte der Hansi ja wissen, was wie und wo und wann zu geschehen hat oder geschehen könnte, aber es klappt nicht. Und es wird immer schlimmer mit ihm. Auch und gerade dann, wenn es körperlich wird zwischen uns. Ich meine jetzt nicht den Sex, der war auch mal besser, aber ich meine körperlich überhaupt. Gerne packt er mich so am Arm und drückt mir einen feuchten Kuss auf die Backe, das ist lieb gemeint, glaube ich jedenfalls, aber schön ist das nicht. Er behauptet zwar, dass er mich schön findet, aber das bedeutet doch lange nicht, dass er immer und überall an mir herumtatschen kann, wie es ihm gerade passt. Zuletzt im überfüllten Omnibus. Erst mal hat er so getan, als würde er mich gar nicht kennen, und hat sich dann wie ein Belästiger so von hinten an mich drangedrängelt, dass sogar der Busfahrer auf ihn aufmerksam geworden ist und ihm mit der Polizei gedroht hat. Zu Hause habe ich ihm dann gesagt, dass ich solche Art von Rollenspielen überhaupt nicht schätze. Von meinen Freundinnen höre ich ähnliche Berichte. Was ist los mit den Männern? Wissen die denn nicht mehr, wie man eine Frau richtig anfasst?

In der Hoffnung, dass Sie mir helfen können, meine Gedanken zu sortieren, und mit herzlichen Grüßen aus der schönen Steiermark

Ihre
Alina

Stimmt denn das, dass die Männer nicht mehr wissen, wie man eine Frau anfasst? Da scheint tatsächlich etwas dran zu sein. Neulich traf ich meinen alten Freund Fränki, er war völlig aufgelöst.

„Du", sagt er, „die Verena, die Verena hat ..."

Ich sage: „Komm, was ist denn los?"

„Die Verena hat mir eine geklatscht! Mir!"

Ich sage: „Was hast du denn angestellt?"

„Nichts, nichts, eigentlich!"

„Wie, eigentlich?"

„Na ja, ich wollte ihr doch nur zum Geburtstag gratulieren."

„Und sie hat dir eine geklatscht?"

„Ja!"

„Fränki, jetzt mal langsam. Du wolltest ihr gratulieren."

„Ja."

„Und sie klatscht dir eine?"

„Ja."

„Fränki", sag ich. „Sag mal, wie hast du denn gratuliert?"

„Na ja, zum Gratulieren kam ich gar nicht mehr, da hat es schon geklatscht."

„Ja, weiter, weiter."

„Ich habe sie doch nur so in den Arm genommen, wie man das so macht."

„Wie man das so macht? Mhm."

„Wie, ,mhm'? Na ja, so, du weißt schon, mit Anfassen eben."

„Anfassen? Jetzt mal bitte genau. Wie hast du die Verena denn angefasst?"

„Na ja, eben so, wie man halt Frauen anfasst."

Und das ist genau der Punkt. Wie man Frauen so anfasst. Das ist eine heikle Sache. Es gibt ja eine strenge Etikette des Anfassens. Die ist vielen Männern leider völlig unbekannt, offenbar auch meinem Freund Fränki, aber diese Etikette gibt es. Also Männer, weil es wichtig ist: Wie fasst man sie denn an, die Frauen? Vor allem: wo? Was für uns Männer klar sein muss: Es gibt zwei „Wos" bei den Frauen. Das eine „Wo" ist der Ort, an dem man Frauen anfasst, und das andere Wo ist das Wo, also der Körperteil, an dem man sie anfasst. Da kommen die meisten Männer schon schwer ins Schleudern. Sie verwechseln nämlich gerne das erste „Wo" mit dem zweiten „Wo". Also, nach meiner ganz persönlichen Erfahrung finden es Frauen ja gut, dass sie angefasst werden. Grundsätzlich. Also prinzipiell. Aber, Moment, aber! Moment, das soll nicht zu einem tierischen Gefummel ermuntern! Halt! Ich habe gesagt, im Prinzip! Grundsätzlich natürlich kommt es darauf an, wer der Anfasser ist! Das heißt konkret, zum Anfassen muss der Anfasser erst mal eine Anfasslizenz haben. Hat er die Lizenz, kann er sich freuen, der Anfasser! Allerdings, das Problem bei dieser Lizenz ist, dass sie nur auf Widerruf ausgestellt wird. Das

heißt, hier ist es nicht wie beim, sagen wir mal, Segel-
schein, den man bei uns in Hamburg bei Kapitän Prüsse
an der Alster macht. Der Kapitän Prüsse sagt: „Einmal
Segellizenz, immer Segellizenz."

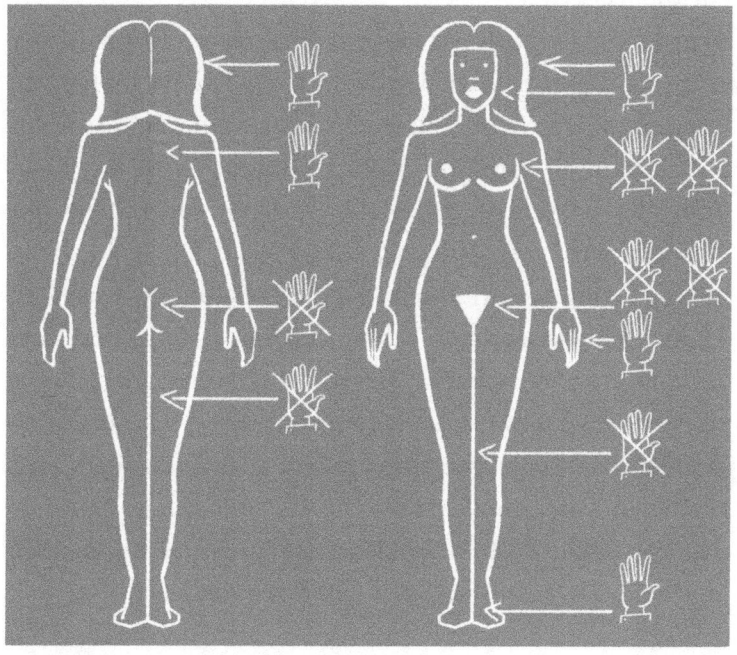

So ist das bei den Frauen und dem Anfassen leider nicht.
Eine Anfasslizenz kann nämlich jederzeit wieder entzo-
gen werden. Das geht bei den Frauen unter Umständen
ganz schnell. Eben gerade noch hat der Anfasser angefasst und plötzlich sagt die Frau: „Lass mal sehen, die
Lizenz, zeig mal her, ganz kurz nur ..." – und ssst, ist
sie weg. Manchmal wird die Lizenz eingezogen und der
Lizenzinhaber erfährt davon als Letzter. Manchmal wird

auch eine Lizenz eingezogen, von der der Lizenzinhaber gar nicht wusste, dass er sie überhaupt hatte. Das kommt sehr oft vor. Und dann wundert sich der Betroffene. Da kann man nur sagen: Pech, die Lizenz hat im Zweifel jetzt ein anderer!

Aber Lizenz heißt noch lange nicht Lizenz! Das ist dann auch wie beim Segeln. Du kannst die Lizenz haben für Binnengewässer, für Küstengewässer und für die hohe See. Natürlich kann ein Mann dann auch mal bei einer Frau die wichtigste Lizenz erwerben, das Patent für Große Fahrt, aber Männer, aufgemerkt! Das geht nicht in fünf Minuten, wie viele glauben. Nein, da muss der Mann seine Maschinen schon erst mal eine ganze Zeit volle Kraft voraus laufen lassen. Und womöglich denkt er, Mist, ich komm irgendwie nicht weiter, ich fahr zwar Volldampf, aber immer nur im Kreis! Andere wiederum verfolgen eine ganz andere Taktik, die legen sich erst mal still und warten unter Umständen jahrelang vor der Schleuse, bis sie endlich mal einfahren dürfen.

Aber zurück zum Anfassen. Nun kommt es weiter darauf an, an welchem Ort und zu welcher Zeit der Anfasser anfasst, und drittens kommt es sehr darauf an, wo, also an welchem Körperteil, der Anfasser die Frau anfasst. Frauen wissen natürlich ganz genau, von wem sie wann an welchem Ort wie und wo angefasst werden wollen, da ist nun also von den Männern extrem viel Sensibilität gefordert. Und sogar ein lizensierter Anfasser kann die allergrößten Probleme bekommen, wenn er zwar das

Anfassen selbst korrekt durchführt, aber andererseits der Ort und der Zeitpunkt völlig falsch sind: zum Beispiel, wenn er seiner Frau in aller Öffentlichkeit während einer Trauerfeier an den Hintern fasst.

Alles in allem ist das für uns Männer ein sehr schwieriges Thema und wir können da nur alle erdenklichen Fehler machen. Denn die Frauen erwarten von uns Männern allgemein und speziell von jedem potenziellen Anfasser, dass er über all die Regelungen und Lizenzbestimmungen ganz genau Bescheid weiß. Da hilft es nicht, wenn der Mann sich ratlos gibt, denn Hilfe bekommt er natürlich nicht. Schon gar nicht von den Männern, die geübte und sehr versierte Anfasser sind. Die werden ihre Kenntnisse über die Anfassbestimmungen auf keinen Fall weitergeben. Und von den Frauen gibt es auch keine Hilfe. Die Frauen sagen dann: „Tja, mein Lieber, wenn du das von allein nicht weißt, wo und wie ich angefasst werden will und wo und wie ich auf gar keinen Fall angefasst werden will, also wenn du das selber nicht weißt, dann werde ich es dir ganz bestimmt nicht sagen!"

Also, Männer, anfassen ja, aber ich sage nur eines: „Vorsicht, Stufe!" Denn sonst, meine Herren, siehe mein Freund Fränki, sonst kriegt ihr eine geklatscht!

WARUM SHOPPEN FRAUEN SO GANZ ANDERS ALS MÄNNER?

Von: Emily E., Essen
Betreff: Warum shoppen Frauen so ganz anders als Männer?

Lieber Horst,

wir haben uns mal hier in Essen kennengelernt. Ich habe vor einigen Jahren mal für unser Lokalradio hier gearbeitet und mit dir nach einer Vorstellung ein Interview gemacht. Danach haben wir noch zusammen mit meinem damaligen zukünftigen Exfreund Jonas in der Theaterbar ein Glas Wein getrunken. Und jetzt habe ich eine ganz private Frage an dich. Schon vor langer Zeit ist mir aufgefallen, dass es beim Thema Einkaufen zwischen Männern und Frauen immer wieder zu Spannungen kommt, da Männer offenbar ganz anders einkaufen als wir Frauen. Kannst du ein wenig Licht in das Dunkel der Einkaufstaschen bringen? Gespannt auf deine Sicht der Dinge und jetzt schon erfreut, von dir zu hören,

Deine
Emily

Da gibt es sicher gewaltige Unterschiede zwischen Männern und Frauen. Wenn sich ein Mann zum Beispiel eine Hose kaufen will, ein ganz normaler Mann, dann sagt der sich: „O.k., heute kaufe ich mir eine Hose! Heute passiert's! Heute mach ich's! Die letzte Hose gekauft im Jahr ... na ja, egal, auf jeden Fall ist es lange her, jetzt kaufe ich mir eine Hose!" Da höre ich schon förmlich viele Leserinnen auflachen! Ich weiß auch, warum. Früher ging das nicht, da konnte kein Mann alleine einkaufen gehen, ein Ding der Unmöglichkeit, angeblich konnten wir das nicht, angeblich hatten wir keinen Geschmack! Die Frauen haben dann gesagt: „Moment, da komm' ich aber mit!"

Und dann kam es eben zu diesen unwürdigen Szenen, an die jeder Mann sich nur mit Schaudern erinnert, Szenen im Herrenausstattungsgeschäft. Der Mann in der Umkleidekabine versucht sich gerade eine Hose anzuziehen, der Vorhang der Kabine ist geschlossen. Erst mal. Die Kabine an sich schon eine Frechheit, so eng und klein, dass sie eigentlich ein Fall für die Menschenrechtskommission der UNO sein müsste. Und vor der Kabine dann die eigene Frau oder Freundin, die sich längst mit einem dieser Verkäuferschnösel verbündet hat. Längst haben die beiden eine feste Allianz geschmiedet, und zwar gegen den armen Kerl in der Kabine. Dann wird lauthals über ihn gesprochen, sodass jeder mithören kann. Und da wird auch nur von „er" gesprochen, nur immer „er", als hätte der Mann keinen Namen mehr, als wäre er ein Neutrum, ein willenloses Objekt: dass „er" keine Lust habe, sich eine Hose zu kaufen, keine Hose würde „ihm" passen und eine Diät würde „er" ja partout nicht machen. Der „er" hat sich gerade mit knallroter Bombe die Hose angezogen und dann wird der Vorhang aufgerissen, ratschratsch: „Komm mal raus, komm mal hierher! Hierher! Ins Licht! Kommst du bitte jetzt mal ins Licht! Ich muss dich doch angucken können! Ins Licht!" Und dann zum Schnösel, der maliziös lächelnd vor der Kabine herumschleicht: „Er kommt nicht ins Licht! Ich weiß es nicht. Vielleicht schämt er sich?"

Und der Mann steht da, auf Strümpfen, was lächerlich aussieht, die Hose natürlich zu lang, das ist klar. Die machen die Hosen in den Hosenfabriken ja nicht mehr passend, die Hose ist auf jeden Fall zu lang, selbst bei einem Mann von zwei Meter 16 ist die Hose zu lang. Und dann steht der Mann da, auf diesen Ziehharmonikabeinen. *(Anm. d. Lektorin: Die Ziehharmonika entsteht, wenn die Hosenbeine so lang sind, dass sie nicht nur auf die Schuhe aufstoßen, sondern sich Richtung Wade und Knie Falte um Falte emporstauchen. Typischer Vertreter für Harmonikahosen war stets der meist in erbärmlich sackartigen Klamotten gekleidete Politiker Oskar L.)* Was noch mal wieder lächerlich aussieht und nun wird er gnadenlos fertiggemacht: „Stell dich doch bitte mal gerade hin, er kann nicht gerade stehen, und lass die Arme bitte hängen, so geht das nicht! Und zieh doch bitte die Hose nicht so hoch, sehen Sie sich das mal an, ein Trauerspiel, immer die Hose so hoch, am liebsten bis hier, am liebsten bis hier!"

Die Zeiten sind vorbei! Wir Männer gehen jetzt ganz allein eine Hose kaufen: Rein in so einen Laden, egal, da muss nur groß Hose drüberstehen, ratzfatz rein in den Laden, bis hinten durchlaufen, Hose aus dem Regal reißen, wer anprobiert ist feige, zahlen, zack und raus. Die ganze Sache dauert fünf Minuten und kostet 150 Euro. Wenn sich eine Frau eine Hose kaufen will, dann kommt die nach vielen Stunden nach Hause, hat jede Menge Tüten dabei, da ist vielleicht auch irgendwo eine Hose drin. Diese Sache dauert fünf Stunden und kostet möglicherweise 2000 Euro.

Aber ich will ja fair sein. Anders ist es, wenn Frauen den Wocheneinkauf im Supermarkt machen. Das, Männer, das müsst ihr euch mal genau angucken, das machen Frauen ganz wunderbar. Die sind zuverlässig, präzise, und vor allem sind die schnell! Die sind unvorstellbar schnell! Zunächst mal haben die Frauen alles im Kopf: Was wird gebraucht, was wird nicht gebraucht, das wissen die ganz genau! Aber trotzdem schreiben sie es auf! Mit ihrer kleinen, präzisen und gut lesbaren Frauenhandschrift schreiben die das auf! Das kann jeder lesen! Nicht so ein Geschmiere wie bei uns Männern. Nein, jeder kann das lesen! Das machen die mit Absicht. Die denken, falls sie auf dem Weg zum Einkauf tot umfallen, kann jemand anderes für sie noch einkaufen. Damit die Familie versorgt bleibt, damit die Nachfolgerin schon mal einen vollen Kühlschrank vorfindet, so denken Frauen über den eigenen Tod hinaus! Das ist selbstlos und das ist Ausdruck ihrer hohen sozialen Kompetenz.

Und dann haben die für die Einkaufsliste diese speziellen langen weißen Zettel, die gibt es nur in geheimen Frauen-Schreibwaren-Geschäften, diese Zettel. Ja, die kriegst du als Mann gar nicht, die Zettel. Da sagt die Verkäuferin höchstens: „Pfff!"
Und dann fahren die Frauen hin zum Supermarkt, mit ihrem süßen, kleinen Frauenauto, sie lieben ja diese süßen, kleinen Frauenautos, die Kas und Clios und Smarts und Twingos und die Minis. Und dann parken die auf dem Parkplatz. Und zwar genau mittig zwischen den beiden weißen Linien, genau mittig. Nicht so wie wir Männer. Wir kommen da angefahren, parken unser Auto irgendwie, vielleicht quer über drei Parkplätze. Nein, die parken mittig! Mittig, mittig, mittig. Da fahren die gerne auch mal 24, 38, 78 mal hin und her und hin und her, damit sie genau mittig, mittig, mittig stehen. Nicht etwa weil sie schlecht Auto fahren, sondern weil sie besonders gut Auto fahren, weil sie es schaffen, genau präzise mittig einzuparken!

Und dann holen die sich so einen Einkaufswagen und rasen damit durch den Laden, zingzingzing, in einer affenartigen Geschwindigkeit. Das machen die Frauen deshalb so schnell, weil sie die Supermarktlagepläne weltweit im Kopf haben. Die können überall einkaufen gehen, egal wo, die sausen da immer so durch! Zingzingzing! Kuopio, Finnland: zingzingzing! Kuala Lumpur, Malaysia: zingzingzing! Punta Arenas in Patagonien, Chile: zingzingzing! Und dann wird aufgeladen: zingzingzing, ratzratz! Und weiter zingzingzing, ratzratzratz! Und weiter: zingzingzing, ratzratzratz! Der Wagen füllt sich, ratzratzratz, hin zur Kasse, ratzratzratz! An der Kasse auch nur Frauen, extrem schnell. Die haben alle so ein Kampfband um die Stirn: ratzratzratzbumm, ratzratzratzbumm! Dann wird bezahlt, dann raus zum Auto, Kofferraum auf, ratzratzratz, nach Hause, Schränke auf, ratzratzratz! Schränke zu, feucht drüberwischen, fertig! Meine Damen, Kompliment!

Wenn ein Mann in den Supermarkt geht ... Nein, das kommt nicht vor! Ein Mann geht nicht in den Supermarkt, er wird von seiner Frau in den Supermarkt geschickt: „Du bringst mit ... Hallo, hörst du bitte zu? Hallo? Mach erst mal den Fernseher aus! Aus bitte! Ganz aus! Nicht den Ton, den Fernseher bitte! Legst du bitte mal die Fernbedienung weg! Ja, auf den Tisch! Die andere Hand lässt auch los! Du bringst mit: einen Liter Milch, ein Brot, ein Pfund Tomaten! Was sollst du mitbringen?" Drei Dinge, mehr kann er sich nicht merken! Dann fährt der Mann zum Supermarkt, kommt nach drei Stunden völlig platt nach Hause und hat dabei: einen Satz Schraubenzieher, eine neue Autobatterie und eine Brotbackmaschine. Eine „Mission Impossible" für jeden Mann!

Es gibt allerdings eine wunderbare Ausnahme beim Thema Einkaufen, da sind Männer unschlagbar: Wenn Sie Ihren Mann bitten, Ihnen ausnahmsweise mal eine Packung Damenbinden mitzubringen. Das nimmt jeder Mann sehr ernst. Er wird sagen: „Damenbinden, aha! Ich weiß zwar nicht, was das ist und wozu die gut sind, aber ich spüre, dass meine Frau mich jetzt braucht!" Dann bereitet sich der Mann intensiv auf diesen Einsatz vor! Sagt alle Termine für den Nachmittag ab: „Siggi, ich kann nicht mitkommen ins Stadion, ich muss Damenbinden kaufen." Dann fährt der Mann zum Supermarkt, hat keine Ahnung, wo die Dinger zu finden sind, geht trotzdem mutig rein. „Hallo, sind Sie der Filialleiter? Wo habt ihr die Damenbinden? Alles klar, weiß Bescheid!"

Dann wird er das Regal finden und erst mal stundenlang davor auf und ab wandern, in einer Welt voller Damenbinden versinken. Unglaublich, was die Frauen so alles brauchen! Dann wird er sich mal so eine Packung aus dem Regal holen, die Produktinformation ganz genau lesen. Was um Himmels willen sind Flügel? Oh, für schwarze Unterwäsche! Für Stringtangas! Oh! Dann wird er irgendeine Packung nehmen, die größte, die er finden konnte! Und wird stolz wie ein Spanier mit einer Riesenpackung Damenbinden durch den Supermarkt marschieren. „Hallo Leute, schaut her, ich habe für meine Frau Damenbinden gekauft, ja, das macht mir gar nichts aus! Ich bin ein emanzipierter Mann! Und ich lasse mir auch sehr viel Zeit dabei. Das Wochenende ist sowieso gelaufen!"

WARUM GEHEN FRAUEN IMMER IN BEGLEITUNG ANDERER FRAUEN AUF DIE TOILETTE UND WARUM WOLLEN MÄNNER PARTOUT NICHT IM SITZEN PINKELN?

Von: Hildegardis H., Hildesheim
Betreff: Warum gehen Frauen immer in Begleitung anderer Frauen auf die Toilette und warum wollen Männer partout nicht im Sitzen pinkeln?

Sehr geehrter Herr Schroth,

bitte erschrecken Sie nicht, wenn ich hier mit einem für viele vielleicht „anrüchigen" Thema komme, aber zwei Fragen liegen mir dann doch auf der Seele.
Ich schreibe Ihnen, weil ich davon ausgehe, dass Sie nicht so leicht zu erschrecken sind. Ich will Sie aber auch nicht lange aufhalten und komme, wenn Sie erlauben, gleich mal zu meinen konkreten Fragen.
Gestern war ich mit einer netten Gruppe von Freunden unterwegs, wir waren zehn Personen, Männer und

Frauen gemischt, allerdings waren es mehr Frauen als Männer. Wir besuchten hier in Hildesheim die „Sorgen-frei-Bar". Das ist ein fröhliches Lokal gleich neben unserem Stadttheater. Da gibt es übrigens auch supergute Cocktails. Aber das nur nebenbei.

Und dann passierte es. Nachdem wir gute zwei Stunden gefeiert und auch einiges getrunken hatten, stand eine meiner Freundinnen auf und sagte: „Mädels, ich muss mal eben raus, kommt ihr mit?" Und schon standen drei andere Damen auf und alle vier marschierten nun gemeinsam zur Toilette. Ich blieb sitzen, weil ich nun mal nicht „musste", aber ich gebe zu, dass ich bei der Frage „Kommt ihr mit?" auch diesen peinlichen Herdentrieb verspürte. Fast wäre ich da aus Versehen mitgegangen.

Die Männer am Tisch schüttelten sich vor Lachen aus und machten sofort ihre Witze.

„Unsere Frauen nun wieder! Guckt euch mal diese Pinkel-parade an!"

Tommi sagte sogar: „Stell dir mal vor, Olli, ich mache das mit dir. Ich sage: ‚Hey, Olli, ich muss pinkeln, kommst du mit?'"

Und Olli brüllte vor Lachen: „Da würde ich nur sagen: ‚Waaaas??? Dir juckt wohl das Geweih, was? Oder hast du Fieber? Pass bloß auf, du!'"

Und wieder lagen sie vor Lachen fast unter dem Tisch. Ich muss zugeben, dass ich da mitlachte, aber peinlich war das schon.

Lieber Herr Schroth, wissen Sie vielleicht, warum so viele Frauen immer nur in Begleitung anderer Frauen auf die Toilette gehen?

Wie kommt das?

Es ist nicht so, dass ich mir keine Gedanken dazu gemacht hätte, aber ich komme einfach nicht dahinter.

Sie haben als Mann zu dem Thema die nötige Distanz, ich erhoffe mir von Ihnen den entscheidenden Hinweis. Und Sie können mir offen antworten. Ich trage zwar einen altmodischen Vornamen, das heißt aber nicht, dass ich auch altmodische Ansichten hege. Überhaupt nicht!

Mit mir können Sie ganz unverschlüsselt kommunizieren, wenn Sie wissen, was ich meine.

Und da ich gerade dabei bin, noch eine Frage: Warum eigentlich wollen sich Männer auf der Toilette beim Pinkeln partout nicht hinsetzen?

Ich finde diese, bitte entschuldigen Sie, diese Unsitte einfach nur widerlich und extrem unhygienisch. Weil aber Männer offenbar nicht umzuerziehen sind und sich jeder Bitte, jedem Flehen und jedem Drängen der Frauen in dieser Frage entziehen und weiterhin fröhlich im Stehen pinkeln und es locker plätschern lassen, will ich zumindest wissen, warum das so ist.

Diese Stehpinkelei ist übrigens einer der vielen Gründe dafür, dass ich bisher noch nie mit einem Mann zusammengelebt habe.

Ich bin jetzt Ende 30, aber ich kann doch nicht jeden Mann, den ich kennenlerne und der nicht gleich von vornherein durch mein Raster fällt, gleich als Erstes mal fragen, ob er sich beim Pinkeln hinsetzt oder nicht. *(Anm. d. Lektorin: Mein Reden! Immer wieder! Das ist, als würde man gegen Klowände reden, ganz ehrlich! Ich persönlich finde das geradezu eklig. Aber dieses Stehpinkeln scheint ja für viele Männer irgendwie die letzte Macho-Bastion zu sein.)*

Mit der Bitte und der damit verbundenen Hoffnung, dass Sie ein alles erhellendes Schlaglicht auf diese „Toilettengeheimnisse" werfen,

Ihre
Hildegardis

Für diese Mail bin ich sehr dankbar. Sie gibt mir Gelegenheit, mit einigen Ideen und Vorstellungen, die Männer und Frauen offenbar hegen, aufzuräumen. Zunächst zum Phänomen „Damentoilette": Eine Damentoilette, meine sehr verehrten Leserinnen, ist für uns Männer immer ein geheimer und sehr geheimnisvoller Ort gewesen. Viele Legenden ranken sich um diese Örtlichkeit. Eine Herrentoilette, meine Damen, das ist nichts Besonderes. Ein einfacher, nüchterner, kühler Raum, ausgestattet mit allem, was wir brauchen. Da gehen wir rein, schnellen Schrittes, und verrichten unser Geschäft. Danach waschen wir uns die Hände, wenn überhaupt, fahren mit den feuchten Händen durchs Haar, falls vorhanden, kontrollieren den Hosenschlitz – und zack, sind wir wieder raus.

Eine Damentoilette muss irgendwie von Außerirdischen auf diese Erde gebeamt worden sein. Auf jeden Fall ist sie bestimmt weitaus schöner, komfortabler und luxuriöser als jede Herrentoilette. Mit anderen Worten: Wir Männer haben nicht die leiseste Ahnung davon, was sich in Wirklichkeit hinter der kleinen, bescheidenen Tür mit dem kleinen, bescheidenen „D" so verbirgt. Als ich klein war, so circa vier, fünf Jahre alt, und begann, über die

Welt nachzudenken, fiel mir auf, dass die Damen, wenn sie sich mal entschuldigten, ganz lange wegblieben. Sehr lange. Sehr, sehr lange. Und ich dachte mir: Das muss ja toll sein, auf dieser Damentoilette! Was machen die da drin die ganze Zeit? Ich habe mir dann vorgestellt, dass die Frauen alle im Kreis sitzen, sich lustige Geschichten erzählen, Sahnetorten essen oder geheimnisvolle Mantren vor sich hinsingen, angeleitet von einer weißhaarigen sibirischen Schamanin.

Und heute, als erwachsener Mann weiß ich, was hinter dieser kleinen, bescheidenen Tür mit dem kleinen, bescheidenen „D" steckt. Dahinter nämlich tun sich ganze Gebäudeflügel auf, exklusiv nur für Frauen. Bars, Lounges, Cafés und Shoppingmalls, dekoriert mit frauenfreundlichen Farben wie Schokoladenbraun oder Weinrot, alles hochgeheizt auf die Frauen-Wohlfühl-Kuschel-Temperatur von 38 Grad Celsius. Da laufen sie rum, die Frauen, in flauschige Bademäntel von Missoni gehüllt, mit seidenweichen Puschi-Puschi-Sandalen, an jeder Ecke Pediküre, Maniküre, Kosmetikberatung, alles gratis natürlich, gesponsert von den großen Kosmetikkonzernen. Und weiter durch dann das wahre Frauenparadies. Wassergeplätscher, Vogelgezwitscher, tropische Pflanzen, tropische Düfte, Diwans, auf denen die Frauen Platz nehmen können. Und dort massieren ihnen dann sehr muskulöse, gut aussehende und eingeölte Eunuchen die Füße und füttern sie mit kernlosen, geschälten, zuckersüßen Trauben. Und da es dort all diese herrlichen, einmaligen Attraktionen gibt, ist es ja kein Wunder, dass die

Frauen niemals allein auf die Toilette gehen. Denn solch schöne Dinge erleben Frauen nun mal gern in Gesellschaft anderer Frauen.

Aber natürlich hat dieser Herdentrieb zur Toilette noch ganz andere Gründe, die in der frühen Geschichte der Menschheit liegen. Ich habe weltweit viele Gespräche und Interviews geführt mit Vor- und Frühgeschichtlern, mit Paläontologen, Archäologen, Evolutionstheoretikern, Psychologen und Verhaltensforschern und habe einiges zu dem Thema in Erfahrung gebracht. Und schließlich eine Theorie entwickelt. Für meine Theorie allerdings müssen wir einen kleinen Exkurs zu den Anfängen der Menschheit machen, zurück in die Steinzeit, in die Zeit von Fred Feuerstein und Barnie Geröllheimer. Die Menschen damals, also 30 000 bis 40 000 Jahre vor unserer Zeit, lebten in Höhlen. Auch hier bei uns in Mitteleuropa. Da lebte also so eine ganze Sippe zusammen in einer Höhle, schlief, aß, liebte, stritt und kämpfte. Und immer schön zusammen. Männer, Frauen, Kinder, die Alten und die Jungen, alle zusammen. Und Toiletten kannten sie damals nicht. Wenn sie mal pinkeln mussten, dann gingen sie raus vor die Höhle – wir überspringen mal die Phase, in der sie noch in die Höhle pinkelten, diese Zeit war bereits vorbei. Man hatte jetzt schon Stil, man hatte Kultur und Anstand. Es zeigten sich bereits die ersten Anfänge eines guten Benehmens. Man ging also diskret vor die Höhle, Männer links und Frauen rechts. Kaum war man aber draußen, wurde hemmungslos drauflosgepinkelt. Und da kam es eben vor, dass hin und wieder mal eine Frau beim Pinkeln vom Säbelzahntiger abgegriffen und aufgefressen wurde. Das waren ja gefährliche Raubtiere, groß, schnell und ungeheuer gefräßig. Die Eckzähne alleine wurden bis zu einem halben Meter lang. Stellen Sie sich vor, da hockt so eine Frau, den Fellrock bis in die Taille hochgezogen, an der Höhlenwand in der Sonne und ist gemütlich am Pinkeln, da kommt der Tiger um die Ecke, sieht sie und rackzack packt er sie und frisst sie auf. Die Frau hat keine Chance. Bis die aufgesprungen ist, den Fellrock wieder runtergezuppelt hat, hat der Tiger ja längst zugeschlagen. Was sollte so eine arme Frau denn auch machen? Denn schon damals war es für Frauen völlig klar, dass sie nicht mit hochgezogenem

Rock und nacktem Hintern in der Gegend rumlaufen. Das machten sie einfach nicht und waren dann eben auch leichte Beute für den Tiger.

Und so kann ich hier gleich die zweite Frage von Hildegardis beantworten: Diese sehr bedauernswerten Zwischenfälle, meine sehr verehrten Leserinnen, sind genau der Grund dafür, warum wir Männer im Stehen pinkeln. Das Stehpinkeln hat auch heute immer noch mit dem Tiger zu tun. Denn schon damals, in der Steinzeit, wollten die Frauen unbedingt, dass die Männer auch im Sitzen pinkeln. Sie haben damals schon ständig versucht, die Männer zu überreden: „Hockt euch doch auch hin, das ist viel schöner, viel entspannter." Die Männer aber haben gesagt: „Ja, nee, ist klar, ich hock mich hin, so blöde müsste ich sein, mich hinhocken, damit der Tiger mich frisst, nee, nee! Nee du, danke, lass mal!" Und das ist bis heute so. Wir Männer pinkeln konsequent im Stehen, beobachten dabei scharf die Umwelt und kommt der Tiger, hauen wir sofort ab und können sogar noch im Wegrennen weiterpinkeln. So machen wir das!
Natürlich aber gingen den Höhlenbewohnern damals allmählich die Frauen aus, denn immer mehr Frauen wurden draußen weggefressen.
Der Chef sagte: „Wir müssen das anders organisieren! Wenn eine von unseren Frauen pinkeln muss, muss eine Freundin mitgehen, damit sie als Überlebende berichten kann, was draußen gerade passiert."

Die Frauen merkten aber bald, dass sie zu zweit auch nichts ausrichten konnten, denn die Tiger wurden immer größer, schneller und gefräßiger. Dann mussten eben mehr Frauen mitgehen. Zunächst waren es drei, dann fünf, dann neun, immer mehr, bis schließlich die ganze Frauenbesatzung der Höhle mitkam, wenn nur eine einzige Frau pinkeln musste. Das heißt, Sie können sich das sicher vorstellen, die Frauen kamen zu nichts anderem mehr, denn ständig musste in so einer Sippe ja irgendeine Frau pinkeln – und alle anderen mussten mit. Das war ein ständiges Gerenne.

„Ich muss pinkeln!"

Alle raus!

„Ich bin fertig!"

Zack, alle wieder rein, hin und her, den ganzen Tag lang, rein, raus, rein, raus, ein furchtbarer Pinkelstress. Natürlich auch mitten in der Nacht! Um halb vier morgens, im Winter, nicht mal Mondlicht, in der Kälte, in Schnee und Eis.

In der Höhle plötzlich eine Frauenstimme: „Ich muss mal!"

Und die anderen alle: „Och nöööö!"

Und wieder rumms, raus und rumms, wieder rein. Die Kinder wachten auf, fingen an zu brüllen, die Männer konnten überhaupt kein Auge mehr zutun, waren übermüdet und schossen dann am nächsten Tag auf der Jagd daneben. Die Situation für die Sippe wurde immer prekärer, sie kam einfach auf keinen grünen Zweig. Da beschloss sie: Es reicht! So kommen wir nicht weiter!

Eine Revolution des Wohnens muss her! Das mit der Höhle geht nicht mehr, wir müssen hier ausziehen! Wir müssen in den Wald, uns Hütten bauen und später dann Häuser mit zunächst angeschlossenen und danach integrierten Toiletten.

Man kann also sagen, meine sehr verehrten Leserinnen: Unsere heutige schöne Wohnkultur mit den wundervollen Badezimmern und den gepflegten Gäste-WCs, dem herrlichen Porzellan von Philippe Starck, den geschmackvollen Kacheln von Villeroy und Boch und den wunderschön designten Armaturen von Hans Grohe aus dem Sauerland haben wir Ihnen, den Frauen, zu verdanken und Ihrem Drang, niemals alleine zu pinkeln. Danke für diese entscheidenden Entwicklungsschritte, Lob und Anerkennung für diese einmalige Kulturleistung!

FRAUEN SIND SCHUH-AFICIONADAS

Von: Claudette C., Crailsheim
Betreff: Frauen sind Schuh-Aficionadas

Lieber Herr Schroth,

mein Name ist Claudette C., ich bin 38 Jahre alt und lebe im schwäbischen Crailsheim. Seit ca. fünf Jahren führe ich eine ruhige und eigentlich unaufregende, aber gelegentlich dann doch wieder aufregende Beziehung mit meinem Lebensgefährten Patrick. Wir arbeiten beide hier in unserer örtlichen Sparkasse. Ich als Anlageberaterin, er als der stellvertretende Filialleiter. Wir haben uns auch hier am Arbeitsplatz kennengelernt. Einfach ist das nicht! Da kommt es dann schon mal auch privat nach Feierabend zur einen oder anderen Reiberei. Aber Reibung erzeugt ja angeblich Wärme. Aber egal. Da Crailsheim ein beschauliches Städtchen ist und mehr als nur ruhig – ehrlich gesagt, es ist hier strunzlangweilig –, verreisen wir eben gern. Sehr gerne machen wir Städtetouren, mal Berlin oder München, wir waren auch schon in Barcelona. Oder wir bleiben mal ganz bewusst hier in der Region und fahren ins liebliche Taubertal.

Das klappt auch eigentlich ganz gut mit den Kurzurlauben. Der Filialleiter sagt Patrick wann und ich sage ihm wo. Und Patrick fährt auch immer recht klaglos mit. Und dennoch nervt er. Immer fängt er davon an, dass ich angeblich diese Reisen nur unternehmen will, um einzukaufen. Angeblich kaufe ich vorzugsweise Schuhe. Ich hätte doch aber schon so viele. Ich wüsste angeblich gar nicht mehr, wohin damit. Und immer würde ich noch mehr Schuhe kaufen. Sagt er. Ich finde aber, dass ihn das gar nichts angeht, denn wir haben nämlich getrennte Kassen. Denn so weit geht die Liebe nicht, dass ich eine gemeinsame Kasse erlauben würde. Womöglich würde er mit meinem Geld seine elektronischen Spinnereien finanzieren. Aber er ist schlau und argumentiert nicht mit den Kosten für die Schuhe, sondern mit dem angeblich fehlenden Platz in unserer Wohnung.

Ich habe dann meine Schuhe mal gezählt und habe ermittelt, dass ich nur acht Paar besitze. Ich gebe aber zu, dass mich Schuhe absolut faszinieren. Mehr als alles andere. Ich finde Schuhe toll! Und ja, es stimmt, immer wenn wir in einer fremden Stadt sind, gehe ich gern in Schuhläden. Erst mal nur zum Gucken, aber meistens kaufe ich auch. Lieber Herr Schroth, können wenigstens Sie das verstehen?

Scharf aufs Reisen, spitz auf Schuhe, aber leider ohne Ende genervt von Patrick, grüße ich Sie herzlich,

Ihre
Claudette

Ohne uncharmant sein zu wollen, hier muss ich dann doch noch mal auf die Vorteile verweisen, wenn Sie als Mann mit Ihrem Hund verreisen. Denn wenn Sie mit Ihrem Hund in eine fremde Stadt kommen, möchte der Hund nicht einkaufen gehen. Auf keinen Fall! Das interessiert den nicht. Ich habe das mal testweise versucht: „Komm, wir gehen einkaufen!" Keine Reaktion. Meine Hündin Polly hat mich nur angegähnt. Aber wenn ich sage: „Toben, spielen, rausgehen, Katzen jagen!" Dann hüpft sie begeistert auf und ab und rennt schon mal zur Tür. Mit Frauen ist das eben anders. Kaum betreten sie eine fremde Stadt, wollen sie einkaufen gehen. Vorzugsweise Schuhe. In jeder beliebigen Stadt. Den härtesten Fall habe ich mal in Hückeswagen erlebt. Sie müssen dieses Örtchen nicht kennen. Ein reizendes, kleines Städtchen im Bergischen Land und landschaftlich ein Traum! Es liegt gleich östlich von der A1. Viele hübsche Fachwerkhäuschen, so süß, so klein, eine Stadt, in der man den Stadtplan im Maßstab 1:1 kaufen kann. Da war ich mal mit meiner damaligen Freundin unterwegs und hatte dummerweise mitten in Hückeswagen eine komplizierte Reifenpanne. Ich rief also den ADAC an und wartete. Da stieg meine Freundin aus, übrigens war sie angetan mit nagelneuen Ankleboots von Ferragamo, die sie sich am Tag zuvor in Köln gekauft hatte, und verschwand in einem Schuhgeschäft.

Ich war fassungslos: „Entschuldige bitte, das hier ist Hückeswagen! Hallo?"

Sie drehte sich kurz um: „Aber die Schuhe hier sind anders als bei uns!"

Anders als bei uns! Das war natürlich ein Argument.

Wenn es jetzt meinetwegen Florenz gewesen wäre, dann hätte ich das ja noch verstanden. Übrigens kann ich die Männer nur vor Florenz warnen. Florenz ist Schuh-City! Florenz ist nämlich das von allen Frauen gefühlte Welt-Hauptquartier von Prada, sozusagen Pradas Flagship City der Herzen! Und da Frauen eben dieses spezielle Prada-Radar haben, egal ob sie nun Prada lieben oder hassen, sie haben dieses Radar, können Sie Frauen am Stadtrand von Florenz mit verbundenen Augen und ohne Italienisch-kenntnisse aus dem Auto lassen und nach zwei Minuten stehen sie bei Prada im Laden. Wie sie das machen, ist und bleibt ihr Geheimnis. *(Anm. d. Lektorin: Der Prada Store in Florenz befindet sich in der Via Tornabuoni 53, auf halbem Weg zwischen Hauptbahnhof und der Ponte Vecchio. Die Öffnungszeiten sind Mo–Sa 10–19.30 Uhr und So 10–19 Uhr.)* Das hat natürlich auch Vorteile für den Mann. Stellen Sie sich vor, Sie verlieren Ihre Frau im sommerlichen Gewühl auf der Ponte Vecchio, dann gehen Sie einfach zu Prada, da steht sie dann nämlich drin. Zuverlässig bis Geschäftsschluss.

Die Frauen lieben diesen Laden. Bevor sie ihn betreten, bleiben sie zunächst einmal im Eingang stehen, ehrfürchtig und fassungslos, dass sie nun gleich hineingehen werden. Und wie sie da erst mal regungslos so auf der Schwelle stehen, kommen andere Frauen dazu, im gleichen Zustand. So kommt schnell ein ganzer Pulk von 15, 20 Frauen zusammen, die quasi in Schockstarre auf den erlösenden Push warten. Und der kommt! Denn die vielen anderen Frauen hinter ihnen, die auch in den Laden hineinwollen, die drücken und schieben so lange, bis es einen Riesenknall gibt und der Frauenpulk mit einer ungeheuren Druckwelle in den Laden hineingeschleudert wird. Die Frauen purzeln dann bis vor die Regale, in denen die begehrten Schuhmodelle aufgebaut sind. Sie rappeln sich hoch, immer die Schuhe im Blick, und greifen ins Regal. Und wenn sie kurz davor sind, zuzupacken, dann – ich habe das mit eigenen Augen gesehen – bekommen die Frauen ganz vorn auf den Fingerkuppen so kleine Saugnäpfchen, ähnlich denen einer Efeupflanze, und damit saugen sie sich am Regal fest. Und sind dann nicht mehr wegzubekommen.

Sie können sich denken, dass sich bei Geschäftsschluss herzzerreißende Szenen abspielen. Ein Prada-Sicherheitsmann hat mir unter vier Augen berichtet, dass viele Frauen vom Personal quasi gewaltsam aus dem Laden entfernt werden. Ich konnte das kaum glauben, aber er hat darauf bestanden, dass es genauso sei, wie er sagt. Manche Frauen würden sogar an den Fußgelenken aus dem Geschäft geschleift. Und ich solle doch bitte selbst mal sehen, hier im weißen Marmorfußboden würde man noch die tiefen Rillen erkennen, die die Frauen mit ihren Fingernägeln gezogen hätten. Und in der Tat – gewisse Spuren waren da zu sehen. Aber ob die Geschichte des Security-Mannes wirklich stimmt – urteilen Sie bitte selbst.

Dass Frauen aber ein inniges Verhältnis zu ihren Schuhen haben, steht ja außer Frage. Und wenn ich bei einer meiner Vorstellungen von der Bühne herab auf die erste Reihe blicke und den Damen auf ihre Füße sehe, dann habe ich immer die neuesten und schicksten Kollektionen der angesagtesten Schuhdesigner direkt vor Augen. Dass diese Damen ihre ganz private Sammlung zu Hause haben, ist ja selbstverständlich.
Nun schrieb ja die verehrte Claudette in ihrer Mail, dass sie nur acht Paar besitze, aber da sind Zweifel angebracht. Ich hatte da ein Erlebnis, das mir die Augen geöffnet hat. Und das schildere ich Ihnen mit der nächsten Mail.

WARUM HABEN FRAUEN FÜR SCHUHE EIN SPEZIELLES ZÄHLSYSTEM?

Von: Prof. Dr. Friedemann F., Freiburg/Breisgau
Betreff: Warum haben Frauen für Schuhe ein spezielles Zählsystem?

Sehr geehrter Herr Schroth,

ich bin Naturwissenschaftler an der Uni Freiburg und es gehört nicht unbedingt zu meinen Gewohnheiten, E-Mails an Kabarettisten zu schreiben. In diesem Fall aber muss ich es einfach machen und bitte somit um Ihre geschätzte Aufmerksamkeit. Ich bin Physiker, somit ein nüchterner Mensch und frei davon, ein Schwarmgeist zu sein.
Auf jeden Fall ist die Physik die vollkommenste Wirklichkeitswissenschaft, jeder Erkenntnisprozess ist durchschaubar. Dass zur Physik natürlich auch die Mathematik gehört, dürfte jedem klar sein. Nun sagte der große Mathematiker Georg Cantor: „Das Wesen der Mathematik liegt in der Freiheit", aber zumindest meine Frau muss das falsch verstanden haben. Denn zwei plus zwei,

sehr geehrter Herr Schroth, da werden Sie mir sicher zustimmen, ergibt immer noch vier. Dieses Ergebnis lässt eigentlich wenig freiheitlichen Spielraum für andere Interpretationen.

Aber jetzt zum Thema: Seit Jahren liefere ich mir mit meiner Frau Diskussionen über die Anzahl ihrer Schuhe. Denn davon nämlich hat sie jede Menge. Nicht dass mich das stört, sie kann so viele Schuhe haben, wie sie will, sie ist schließlich promovierte Germanistin und Ober-studiendirektorin mit einem durchaus auskömmlichen Gehalt. Ich schätze die Zahl ihrer Schuhe grob irgendwas jenseits der 100, sie aber behauptet, es seien auf keinen Fall mehr als 20. Sie mögen einwenden, na gut, dann ist sie eben eine gute Geisteswissenschaftlerin, nur beim Rechnen hapert es. Nein, das kann man noch nicht mal sagen, denn sie rechnet in anderen Dingen sehr genau. Ich habe sie zum Beispiel beim Einkaufen im Supermarkt beobachtet. Sie legt die Dinge in den Wagen und weiß an der Kasse bereits genau, was sie zu bezahlen hat. Und das ohne Taschenrechner. Also, siehe da, es geht! Nur bei ihren Schuhen funktioniert das nicht. Können Sie das Rätsel lösen?

Gespannt auf Ihre Antwort und in freudiger Erwartung eines Erkenntnisgewinns grüßt Sie freundlichst aus dem beschaulichen Breisgau

Ihr
Prof. Dr. Friedemann F.

Ja, das höre ich allenthalben von vielen Männern. Ich habe vor erst kurzer Zeit ein echtes Aha-Erlebnis gehabt, das vielleicht einiges klärt. Es geht um meine gute alte Freundin Silke, mit der ich vor langer Zeit mal zusammen studiert habe. Silke heuerte irgendwann bei einem multinationalen Konzern an, machte Karriere und wurde weltweit eingesetzt. Mal lebte sie in Asien, mal in Lateinamerika, mal in Norwegen und dann einige Jahre in Kapstadt. Vor ein paar Monaten erhielt ich von ihr eine E-Mail, in der sie mir mitteilte, sie sei nun wieder zurück. Sie hätte sich für die letzten Jahre ihres Berufslebens nach Hamburg versetzen lassen, ihre Heimatstadt, und da würde sie jetzt auch bleiben. Sie hätte sich in Winterhude eine schöne Wohnung gekauft und ob ich nicht mal Lust hätte, sie zu besuchen. Ich schrieb ihr hocherfreut zurück und wir verabredeten einen Termin.

Als ich sie dann besuchte, war sie gerade mal wieder von einem kurzen Italientrip zurück. Italien liebte sie immer schon, vor allem die italienische Mode und die italienischen Schuhe haben es ihr angetan. Sie war also gerade zurück von Florenz, wo sie sich mit einigen Paar Schuhen eingedeckt hatte. Stolz führt sie mir mal als Erstes ihre neuen Schuhe vor. Nun muss ich sagen, dass Silke immer noch bemerkenswert schöne Beine hat und eigentlich alle Schuhe perfekt tragen kann. Das sagte ich ihr, sie freute sich über das Kompliment und stellte die Schuhe wieder in den Schrank. Wie gesagt, es ist eine neue Wohnung, nicht eben klein und mit vielen großzügigen Einbauschränken ausgestattet. Sie machte also den Schuhschrank auf, doppelflügelig und hoch – eine Altbauwohnung mit hohen Decken!! – und dieser Schrank war voller Schuhe. Nun habe ich schon viele Schuhschränke gesehen, aber hier war ich doch wirklich beeindruckt.

Ich sagte: „Silke, du hast ja doch recht viele Schuhe."

Und sie darauf: „Na ja, so ein paar schöne habe ich schon!"

Und machte noch den Schrank gegenüber auf. Ein identischer Schrank und noch mehr Schuhe! Vom Boden bis zur Decke, Schuhe!

Ich sagte einigermaßen atemlos: „Mensch, Silke, du hast ja mindestens 200 bis 250 Paar Schuhe!"

Als Antwort kam nur: „Nein, nein, das stimmt nicht! Das bildest du dir ein! So viele sind das nicht!"

Und ich wieder: „Aber, Silke, bitte, ich seh es doch!"

„Nein, nicht so viele!"

Dann sagte ich: „Silke, gut, ich mache jetzt mal Folgendes. Ich lasse mal die Gummistiefel für die Gartenarbeit weg, die kuscheligen Filzhausschuhe für den Kaminabend lasse ich auch weg. Und ich lasse auch die ganzen Sportschuhe weg, die ich hier sehe. Joggingschuhe, Gymnastikschuhe, Tennisschuhe, Bootsschuhe, Golfschuhe, Wanderstiefel,

Bergstiefel und die Skistiefel auch, die hast du ja sowieso unten in der Garage. Die lasse ich alle mal weg. Und dann komme ich immer noch auf mindestens 150, 170 Paar!"
Und Silke bestand aber darauf: „Nein, so viele sind das nicht!"
Und da ging mir ein Licht auf. Frauen zählen Schuhe anders als Männer. Frauen müssen im Laufe der Evolution ein spezielles Zählsystem für Schuhe entwickelt haben.

Sonst, wie ja Professor F. berichtet, kann seine Frau sehr gut rechnen. Das ist auch meine Erfahrung. Frauen sind auf den Gebieten der Mathematik und der Arithmetik sehr gut, besser als viele Männer. Ich muss da nur auf mich selbst schauen. In Mathematik war ich in der Schule grauenhaft schlecht. Ich habe mich bereits in der Kurvendiskussion verabschiedet, ich hatte mir unter „Kurvendiskussion" was ganz anderes vorgestellt. Aber Frauen können gut rechnen. Algebra, Zinseszinsrechnung, Winkelfunktionen, einfach alles. Nur Schuhe, die zählen sie anders. Und das gilt natürlich nicht nur für die uns unbekannte Ehefrau des Physikprofessors, das gilt eben auch für Claudette C., die umtriebige Sparkassen-Anlageberaterin aus Crailsheim.

Und ich stand also in Hamburg vor den Schuhschränken meiner guten Freundin Silke und sagte: „Pass auf, Silke, ein Vorschlag. Du zählst deine Schuhe mal durch, wenn du Zeit dafür hast, und dann rufst du mich an und sagst mir, wie viele Schuhe du wirklich hast."

Und tatsächlich, nach drei Tagen rief sie mich an: „Zwölf Paar!"

Ich kann mich nur erinnern, dass ich ins Telefon schrie: „Waaaaasss?"

„Ja", sagte sie ganz cool. „Zwölf Paar, die ich trage!"

Tja, Männer, jetzt wissen wir's!

WARUM GIBT ES NEUERDINGS IMMER MEHR ALTE VÄTER?

Von: Melody-Pearl M., Hamburg
Betreff: Warum gibt es neuerdings immer mehr alte
Väter?

Hallo Horst,

als Hamburger wissen Sie sicher ganz genau, wovon ich
hier schreibe. Seit einigen Jahren beobachte ich hier bei
mir in Eppendorf gewisse Erscheinungen, an die ich mich
fast schon gewöhnt habe. Es sind die älteren Herren im
Großvateralter, die mit Kinderwagen, zum Teil auch in
flotter Joggingausführung, etliche sogar mit Zwillings-
wagen, zu jeder Tageszeit unterwegs sind. Gerade erst
gestern habe ich mit meiner Freundin Tiffany darüber
gesprochen und wir sind uns sicher, das sind nicht die
Opas, die mal als Babysitter aushelfen, das sind die Papis!
Ist das jetzt der neue Trend? Tiffany und ich wissen echt
nicht, wie wir das finden sollen. Wissen Sie's?
Ungläubig staunend und – ich gebe es zu – auch ein
wenig neidisch
Ihre
Melody-Pearl

S päte Väter – das ist in der Tat der neue Trend. Was Melody-Pearl da in Hamburg beobachtet, kann ich nur voll bestätigen. Aber auch in den Parks der anderen Großstädte sieht man sie beim Babyjoggen, die grauhaarigen, sportlichen Herren im Pensionsalter in ihren Barbour- oder gar Belstaff-Jacken, unterwegs mit schicken, modernen und nicht ganz billigen Designerkinderwagen. Männer können auch im fortgeschrittenen Alter noch Kinder zeugen – die Gesetze der Evolution haben den

Männern diese Last, Lust oder Lastlust nun mal aufgeladen. Wir Männer haben uns nicht darum gerissen und jetzt versuchen wir einfach nur, aus dieser Bürde das Beste zu machen.

Diese alten Väter, die Wissenschaft spricht hier von den Geronto-Vätern, die Melody-Pearl meint, haben sogar neuerdings einen Namen. Einen Namen, den mein von mir sehr geschätzter und leider zu früh verstorbener Kollege Matthias Beltz erfunden hat. Er nannte diese Väter „Dobys". Ja, wir lieben eben die Abkürzungen. Früher gab es den „Yuppie", ein Akronym, das für „Young Urban Professional" steht, dann kam der „Dink", das steht für „Double Income no Kids" und jetzt gibt es den „Doby". Das heißt ganz einfach nur „Daddy old – Baby young".
Heute sind Dobys aus dem Straßenbild gar nicht mehr wegzudenken. Da gibt es auch viele prominente Beispiele. Gerade bei mir in Hamburg habe ich sie direkt vor der Haustür. Da ist zum Beispiel der ehemalige Tagesthemen-Moderator Uli Wickert. Der Mann hat im Alter von 70 Jahren noch Zwillinge bekommen, ein Parade-Doby! Pablo Picasso war 68, als er noch mal Vater wurde, Charlie Chaplin war 73. Und im Rheinland lebt dieser kölsche Bastel-Opa Jean Pütz, der mit 74 noch mal seinen Mann stand! Endlos viele Beispiele: Karel Gott, Franz Beckenbauer, Nick Nolte, Clint Eastwood und so geht es weiter. Dann fällt mir noch Fritz Wepper ein, der Schauspieler aus München, der mit 70 noch mal zuschlug. Ein Doby wie aus dem Doby-Lexikon. Wie ich aus München höre,

heißt es dort immer: „Harry, hol schon mal die Pampers!" Und der König aller Geronto-Väter, nein, er ist der Kaiser aller Dobys – und ich glaube sogar der Weltrekordhalter –, ist der wunderbare Anthony Quinn, der Oscar-Preisträger und Star des Films *Alexis Sorbas*. Der kürte sich mit sagenhaften 81 Jahren zum „World's most successful Doby".

Da kann ich nur sagen: Respekt! Mit 81 Jahren noch ein Kind zu zeugen, das muss ja so sein, als würde man versuchen, mit einem Stück Tau Billard zu spielen!

DAS LCS-SYNDROM

Von: Eloise E., zzt. Gstaad/Schweiz
Betreff: Das LCS-Syndrom

Lieber Horst Schroth,

also erst mal hallo und so. Mein Name ist Eloise, ich wohne normalerweise am Tegernsee, aber jetzt gerade bin ich im Urlaub in der Schweiz, im schönen Gstaad. Ich bin jetzt 26, aber mein Verlobter, der Wolfi, der ist gerade 60 geworden und hat hier seinen Geburtstag gefeiert. Also der Wolfi sieht gar nicht aus wie 60, er sieht eigentlich noch richtig super aus und alles und ich habe auch schon seine ganzen Kreditpartnerkarten und alles.

Wir sind also hier in der Schweiz beim Snowboarden und so. Das mit dem Snowboarden war meine Idee. Es ist ja durchaus nicht so, dass der Wolfi keine Lust dazu hat. Hat er schon. Aber vielleicht hat er nicht so viel Lust dazu wie ich. Und irgendwie merke ich das, weil es fehlt ihm einfach der Schwung, der Drive, da groovt auch nichts, da ist irgendwie kein Flow drin. Er will eben dann schon nach nur acht Stunden auf der Piste wieder gleich ins Hotel und abends nicht mehr mitkommen zum Abfeiern.

Dabei gehe ich doch so gern in den Chesery Bar Lounge Club zum Après-Ski. Und wenn er mal mitkommt, dann will er schon um halb vier morgens wieder gehen, der alte Langweiler, gerade wenn die Post endlich voll cool abgeht, um halb vier, echt wahr, sonst kann er angeblich anschließend nicht mehr auf die Piste. Ist das beim Wolfi dann doch das Alter, so im Endeffekt und alles?

Mit hippen und total lieben Grüßen

deine
Eloise

In diesem Buch ist ja viel von Unterschieden zwischen Männern und Frauen zu lesen. Und es gibt ja wahrlich viele, sehr viele Unterschiede. Aber es gibt einen Punkt, da sind Männer und Frauen absolut gleich und das ist ja auch sehr tröstlich: Wir werden alle älter. Wir zusammen. Die Männer. Und die Frauen. Irgendwann schlägt das Alter zu. Eloise jedenfalls ahnt das zumindest. Allein schon der Altersunterschied zwischen ihr und ihrem Verlobten Wolfi! Das sind 34 Jahre. Das ist, finde ich, eine ziemlich einfache Rechenaufgabe.

Wolfi aber rechnet nicht. Zumindest erst mal nicht. Denn ein Mann in so einer Situation kann nicht rechnen, denn er ist krank. Er leidet an einem akuten Fall von LCS. LCS, das bedeutet Life Changing Sex Syndrom. Das haben meistens Männer, dieses LCS. Die Hauptgefährdungsgruppe sind Männer zwischen 40 und 65, das heißt, genau die Zielgruppe, die auch dieses Buch liest. *(Anm. d. Lektorin: Das hoffe ich!)* LCS heißt konkret, Sie haben ein Sexerlebnis, das ist so toll, das ist so wundervoll, dass es Ihr Leben um 180 Grad dreht. Und LCS ist weit verbreitet. Nehmen Sie nur die Politik. Alles voller LCS-Fälle.

Der Urvater aller LCSler ist ja Bill Clinton. Wahnsinn! Das war der erste dokumentierte Fall. Damals, 1998, die Affäre mit dieser Praktikantin Monica. Was der Mann da durchgemacht hat, der war ja im Dauer-LCS, und dann seine deutschen Epigonen, gelehrige Schüler des großen Meisters. Der damalige Bundeskanzler Schröder, LCS, mittlerweile bei der vierten Ehe – deswegen fuhr er immer Audi, vier Ringe auf dem Kühler. Franz Müntefering, Sie erinnern sich vielleicht an diesen Herrn, auch ein Fall von LCS, seine derzeitige Ehefrau ist 40 Jahre!!! jünger. Das hat ja schon fast Jopi-Heesters-Ausmaße! Und sehen Sie sich den Münte mal an, die Falten, die Furchen im Gesicht. Kaum war der ein paar Jahre mit dieser Michelle verheiratet, war der schon komplett ausgelutscht! Und auch sogar der alte Kohl hat LCS. Der ist 1930 geboren, sitzt inzwischen im Rollstuhl, der Rollstuhl wird geschoben von seiner zweiten Ehefrau, der Maike, und die ist „nur" 34 Jahre jünger als Kohl. Wie bei diesem Wolfi. Und der wird sich natürlich auch überlegen, ob das noch lange gut geht. Jetzt mögen Sie einwenden: Moment mal, nicht nur Männer kriegen LCS, das kennt man auch von Frauen, vorzugsweise von deutschen Lehrerinnen auf Jamaika. Ich habe mir sagen lassen, da sei ja während der deutschen Schulferien die Hölle los.

Aber um auf die Mail von Eloise zurückzukommen: Wenn ein Mann wie Wolfi erst mal mit LCS infiziert ist, dann ist der Mann wie paralysiert. Vom Halswirbel an gelähmt! Aber nach oben! Der Mann kann dann nicht mehr denken, sein Gehirn wird nicht mehr durchblutet, weil das

Blut an anderer Stelle dringend gebraucht wird. Und erst viel später setzt das Denken wieder ein. Und dann rechnet der Mann doch: 34 Jahre! Das heißt, wenn ich mal 84 bin, dann ist meine Frau 50. Und was will ich dann mit so einer alten Frau? Aber andererseits: Bin ich mit 84 überhaupt noch zu gebrauchen? Und wenn ja, wozu? Muss ich dann schon mit so einem Lifta-Treppenlift in den ersten Stock hochfahren, während sie mir mit einer Yogurette fröhlich entgegenspringt: „Tschüs, Schatz, ich geh mal eben zum Tennis!"?

Es gibt den Punkt im Leben eines jeden Menschen, an dem er oder sie erkennt: Mist, jetzt werde ich alt. Das Tröstliche ist, dass man diesen Punkt arithmetisch bestimmen kann. Es ist genau der Zeitpunkt, an dem die Kerzen auf der Geburtstagstorte mehr kosten als die Torte selbst. Ich muss ja nur auf meine eigenen Torten gucken. Das ist ja inzwischen ein richtiger Waldbrand. Wenn man mindestens zwei Versuche braucht, um aus dem Sofa hochzukommen, irgendwann mit 50, 60, dann verlässt man langsam die Reiseflughöhe und beginnt nunmehr mit dem Landeanflug. Man kann zwar noch eine ganze Zeit fliegen, aber die Landebahn kann man schon sehen. Ich habe in meinem Telefonbüchlein – ja, so was Altmodisches habe ich noch – inzwischen mehr Nummern von Ärzten drin als von Frauen. Das war früher genau andersrum. Wenn ich mir die Schuhe zubinden muss, überlege ich mir sogar schon immer, was ich noch alles machen kann, wenn ich schon mal da unten bin!

Und der Altersunterschied, wie im Falle von Eloise und ihrem Wolfi? „Kein Problem", sagt da mancher, „den bürste ich weg!" Ja, ich weiß! Gut, statistisch gesehen leben die Frauen länger als wir Männer. Aber bei uns Männern fühlt sich das Leben einfach länger an! Und Alter, was heißt das schon? Der große amerikanische Komiker Bob Hope hat mal gefragt: „Wenn Sie nicht wüssten, wie alt Sie sind, wie alt wären Sie denn dann?" Andererseits muss ich jetzt langsam darauf achten, dass mein Verstand keine Verträge abschließt, die mein Körper gar nicht mehr einhalten kann. Ich komme jetzt in das Alter, wo ich manchmal geradezu dankbar bin, wenn eine Frau auch mal Nein sagt. Und jetzt, meine sehr verehrten Leserinnen, verrate ich Ihnen noch etwas: Jeder Mann hat Angst vor dem Moment, und der Moment kommt, in dem seine Frau zu ihm sagt: „Komm, Schatz, lass uns nach oben gehen und richtig schönen, wilden Sex machen!" Und er sagt: „Tolle Idee, aber beides hintereinander geht nicht!"

HABEN FRAUEN AM SEX MEHR SPASS ALS MÄNNER?

Von: Anastasia A., Augsburg
Betreff: Haben Frauen am Sex mehr Spaß als Männer?

Sehr verehrter Horst Schroth,

mein Name ist Anastasia, ich lebe in Augsburg, komme
aber eigentlich aus Russland. Bitte entschuldigen Sie also,
wenn mein Deutsch vielleicht nicht so perfekt ist, wie ich
es gerne hätte.
Hier in Deutschland habe ich gefunden meine zweite
Heimat, mir geht es gut und ich arbeite als Erzieherin in
einer Kindertagesstätte. Ich habe auch hier meinen Mann
kennengelernt.
Er kam auch neu nach Augsburg. Er kam aus Sachsen
gleich nach Mauerfall hierher. Immer noch spricht er mit
sächsischem Akzent, viele machen sich lustig und lachen
und lachen. Mich stört das nicht, denn ich habe selbst
einen starken Akzent.
Was mich allerdings stört, ist, dass es Leute gibt, die den
sächsischen Akzent vom russischen nicht unterscheiden
können. Für die ist das alles Osten. Kinder haben wir leider nicht. Ich hätte sie gern, aber mein Ehemann, seinen

Namen will ich hier nicht nennen, der ist dagegen. Er sagt, er hat schon genug Arbeit am Hals.

Unser Sex, ich hoffe, ich darf offen sein, ist, na ja, normal. Und trotzdem behauptet mein Mann immer wieder, dass wir Frauen am Sex mehr Spaß haben als die Männer.

Ehrlich gesagt, das kann ich nicht glauben. Ich finde es gut eigentlich, wenn beide Partner gleich viel Spaß an der Sache haben, aber er ist wie betrunken von der Idee, dass ich mehr Spaß habe als er.

Es stimmt, dass ich Spaß habe, aber mehr?

Mehr als er?

Ist das wirklich so?

Gespannt, ein wenig aufgeregt und bereit, auch weiter Spaß an allen Facetten vom Leben zu haben,

Ihre
Anastasia

Ganz grundsätzlich: Die Männer haben in ihrem Leben nicht halb so viel Spaß, wie die Frauen immer glauben. Und klar ist auch: Anastasias Mann hat völlig recht. Frauen haben generell am Sex mehr Spaß als wir Männer. Das sagt auch die neue Sexualforschung. Ich hatte neulich Gelegenheit, mit dem bekannten Sexologen Professor Gunnar Gustafsson von der Universität Uppsala ein Gespräch über dieses Thema zu führen. Er weiß genau, dass die Frauen bei dieser Fragestellung skeptisch sind. Und deswegen hat er eigens einen Test entwickelt, der glasklar beweist, dass es die Frauen sind, die mehr Spaß haben. Er hat mir erlaubt, den Test hier zu veröffentlichen, damit alle in den Genuss kommen können. Das Einmalige, das Interessante an diesem Test ist nämlich, dass er bei Männern und Frauen funktioniert, unabhängig vom Alter der Testperson und unabhängig von ihrer sexuellen Orientierung. Wenn Sie wollen, meine sehr verehrten Leserinnen und Leser, machen Sie den Test gleich jetzt mal, egal, wo Sie sich gerade aufhalten. Denn der Test ist absolut sauber, in keiner Phase peinlich und jederzeit durchführbar. Der Test ist so sauber, den können Sie auch direkt vor Ihrer Mutti machen. Und der Test wird Frauen und Männern beweisen, dass die Frauen am Sex mehr Spaß haben als wir Männer.

Und hier ist die Testanleitung: Wenn das Ohr juckt, was macht man? Man nimmt einen kleinen Finger, natürlich diskret, steckt ihn ein wenig rein in das juckende Ohr und dann wackelt man mit dem kleinen Finger ganz schnell hin und her und her und hin. Und jetzt die entscheidende Frage, die Sie sich bitte ehrlich beantworten: Was fühlt sich dann hinterher besser an? Der Finger – oder das Ohr?

WARUM GIBT ES SO VIELE EXTREM HÄSSLICHE MÄNNER?

Von: Lissi L., Leipzig
Betreff: Warum gibt es so viele extrem hässliche Männer?

Sehr geehrter Herr Schroth,

dieser Begriff „hässliche Männer" soll sich natürlich nicht auf alle Männer beziehen. Schließlich will ich mit dieser Mail nicht irgendeinem männerfeindlichen Sexismus Vorschub leisten.
Ich bin eine Hetero-Frau und schätze Männer sehr, zumindest einige von ihnen. Und selbstverständlich (oder besser gesagt: Gott sei Dank) gibt es jede Menge Männer, die alles andere als hässlich sind.
Mir geht es schlicht um die optische Umweltverschmutzung, die ich rings um mich herum Tag für Tag ertragen muss. Es laufen hier bei uns in Leipzig (und leider auch in anderen Städten) Männer rum, die jeder Beschreibung spotten.
Das fängt an bei den Frisuren, die man als solche gar nicht bezeichnen kann. Das geht weiter bei den Gesichtern, mit denen ihre Besitzer problemlos in jeder Geister-

bahn arbeiten könnten, aufgepimpt mit unbeschreiblichen Barttrachten oder Koteletten. Selbst mit einer Tüte über dem Gesicht wären die noch hässlich!

Dazu kommen geschmacklose Tattoos, unappetitliche Sweatshirts mit merkwürdigen Zahlen oder kryptischen Aufschriften drauf, dreiviertellange Hosen aus Funktionsstoffen und alles getoppt von Sandalen mit Socken. Diese Trageform von Fußbekleidung ist ja einfach nicht auszurotten. Da ist ja zunächst die Sandale (ich rede hier nicht von den Flip-Flops, die einem am Strand über den superheißen Sand helfen), ich meine hier die Sandale, vorzugsweise in diesem merkwürdigen Beige, das man nur als Senioren-Umbra bezeichnen kann. Die gemeine Sandale, diese grauenhaften Stücke Bordsteinbeleidigung, welche meine Freundin Sissi, die gern Klartext redet, als „Niefickerschuhe" bezeichnet. Und dazu gehört, geradezu zwingend vorgeschrieben, die Socke. Gern wird hier von den betreffenden Herren die Golfsocke getragen, also die mit den 18 Löchern, dann auch noch in der marinierten Form, nachts zum Trocknen aufgehängt und dann am nächsten Tag als Stocksocke oder Käsestange weitergetragen. Fast noch schlimmer ist es aber, wenn sie vielleicht gar keine Socken tragen und dann mit unfassbar verhornhauteten Füßen und verwachsenen Fußnägeln die Umwelt optisch vergiften.

Diese Typen sind so hässlich, ihre Hässlichkeit ist so dominant und so raumgreifend, dass die gut aussehenden Männer, die es wie gesagt ja auch wirklich gibt, hinter ihnen zu verschwinden und neben ihnen zu verblassen scheinen.

Und was ich besonders schlimm finde: je besser das Wetter, desto größer der Belästigungsgrad. Denn mit jedem Grad mehr, mit jeder weiteren Sonnenminute ziehen sich diese abstoßenden Mannsbilder immer weiter aus.

Und diese Formate, diese Umfänge, diese Ausdehnungen männlicher Haut (je nachdem käsig-bleich oder durch Sonnenbank zu Hähnchenbraun gegrillt) will ich nun wirklich nicht sehen. Ich liebe ja die Sonne und den Sommer, aber inzwischen bin ich froh über jeden Tag mit feuchtem und kaltem Wetter, weil sich dann selbst diese Figuren wieder bedecken müssen.

Es tut mir leid, aber allein schon durch den Anblick dieser Horrorgestalten bekomme ich Ekelgefühle.

Denen möchte im am liebsten zurufen: Beweg dich bitte nicht! Ich will dich genau so vergessen, wie du gerade aussiehst!

Kann man diese Menschen eigentlich wegen optisch-sexueller Belästigung anzeigen? Haben die denn überhaupt kein Gespür für ihr eigenes Erscheinungsbild?

Ratlos, überfordert und atemlos empört

Ihre
Lissi aus Leipzig

Tja, da kann ich Lissi nur recht geben. Ich weiß ganz genau, was sie da meint. Mir und anderen Männern fällt das natürlich auch auf. Wobei ich hier aber eine winzig kleine Ergänzung anbringen möchte. Es gibt, notabene leider, auch Damen, nein, ich sage lieber in ihren Grundzügen als weiblich erkennbare Wesen, die nun auch nicht gerade den gängigen Schönheitsidealen entsprechen. Es gibt auch Frauen, bei denen Frisur und Figur ein Eigenleben entwickelt haben und somit unabhängig von den ästhetischen Gestaltungskonzepten ihrer jeweiligen Eigentümerin irgendwie durchs Leben wabern. Echte Gruftelfen eben. Weiter gehe ich hier aber nicht bei der Beschreibung dieser ästhetisch herausgeforderten Frauen. Denn ich möchte auf keinen Fall, dass bei meinen Lesern aufgrund meiner Schilderungen unschöne Bilder entstehen, die sie einfach nicht mehr aus dem Kopf kriegen. Grundsätzlich nämlich bin ich mir sicher, dass Frauen ungeheuer viel Wert auf ihr äußeres Erscheinen legen, ja, dass viele sich geradezu mit religiösem Ernst und Eifer diesem Thema widmen. Dass Frauen sich streng an das halten, was ihnen ihr eigenes Gefühl für Stil und Form, ihre soziale Umgebung und die Medien vorschlagen oder vorgeben. Frauen opfern dafür vieles: Zeit, Geld und auch überflüssige Pfunde.

Bei Männern ist das meist grundsätzlich anders. Ich bin persönlich dankbar dafür, dass Lissi in ihrer Mail ausdrücklich darauf hinweist, dass es auch in ihrem Umfeld Männer gibt, die, wie sie schreibt, „Gott sei Dank alles andere als hässlich" sind. Aber leider gibt es eben auch die vielen anderen. Und sie fragt, ob diese Männer denn kein Gespür für ihr Erscheinungsbild hätten. Nein, liebe Lissi, das haben sie nicht. Bei uns Männern läuft das meist so: Wir gucken, wenn wir so circa 20 Jahre alt sind, in den Spiegel. Zu einem Zeitpunkt, zu dem wir jung, glatt, frisch und vor allem rattenscharf aussehen. Und dieses Bild, das wir in diesem Moment vor uns haben, das speichern wir ab. Und das vergessen wir niemals. Und das

sehen wir immer wieder vor uns, wenn wir dann im Laufe des Lebens immer mal wieder in den Spiegel schauen, zum Beispiel jeden Morgen, während wir uns rasieren. *(Anm. d. Autors: Richtige Männer rasieren sich bitte nass, auf gar keinen Fall nehmen sie einen Elektrorasierer, nass bitte! Es gibt keine andere Möglichkeit! Ich behaupte auch, dass Männer, die sich nass rasieren, generell bei Frauen besser ankommen. Denn welche Frau will schon einen Mann küssen, der sich jeden Morgen einen Vibrator durchs Gesicht schiebt?)* Bis zur letzten Minute unseres Lebens sehen wir das Gesicht vor uns, das wir vor langer Zeit mal abgespeichert haben.

Und so kommt es dann eben dazu, dass Typen, wie Lissi sie treffend beschrieben hat, in den Fußgängerzonen dieser Welt mit einem Selbstbewusstsein herumstratzen, als wären sie eine ungute Mischung aus Brad Pitt, George Clooney, Popeye und dem Incredible Hulk.

Da haben die Frauen eben noch sehr viel zu tun. Aber viele Frauen finden genau das ja auch richtig gut. Sie ändern ja gern, vor allem uns Männer.

RICHTIG SCHENKEN 1

Von: Benedikt B., Bad Krotzingen
Betreff: Richtig Schenken

Sehr geehrter Herr Schroth,

ich bin nun schon ganze zwölf Jahre mit meiner Melanie verheiratet und in dieser Zeit habe ich ihr schöne Geschenke gemacht.
Zumindest ich finde, dass das alles schöne Geschenke waren. Das ging von einem gemeinsamen Wochenende in Venedig in einem tollen Fünfsternehotel, von dem sie schon seit Jahren geschwärmt hat, sie hat einmal Fotos davon in der Gala gesehen, über einen Bernsteinanhänger bis hin zu Premierenkarten für das Musical „Rocky" in Hamburg. Sie hat die Geschenke alle angenommen und hat sich auch bedankt, aber was ich immer vermisst habe, war irgendwie die Begeisterung.
Nun kann man wahrlich nicht sagen, dass das billige Geschenke waren, ich bin wirklich kein Geizkragen, denn sie hat immer, und zwar immer, genau das bekommen, was sie auch wollte.

Und trotzdem bekomme ich das Gefühl nicht los, dass ich irgendwas falsch gemacht habe. Ich habe mir echt den Kopf zerbrochen, aber ich komme nicht dahinter.

Können Sie mir helfen?

Was um Himmels willen mache ich falsch?

Wenn mir einer raten kann, dann Sie! Bitte schnell, denn der nächste Geburtstag droht, danach gleich der Hochzeitstag und irgendwann ist ja dann auch wieder Weihnachten.

Einigermaßen verzweifelt, aber dennoch optimistisch

Ihr
Benedikt B.

Die Verzweiflung nehme ich dem guten Benedikt unbedingt ab. Das, was Benedikt so bedrückt, ist die berüchtigte Geschenkefalle. Ich rede hier von Geschenken, die Männer ihren Frauen, Freundinnen oder, wer weiß, ihren Geliebten machen, kurz, der Dame ihres Herzens. Da sind wir Männer in der Zwickmühle: Einerseits erwarten die Damen natürlich, dass wir ihnen *wirkliche* Geschenke machen, andererseits aber stellen sie uns Männern damit eine ganz tückische Abseitsfalle. Denn kaum haben wir Männer uns auf das Ich-schenk-dir-was-Spielchen eingelassen, spielen wir bereits in der Spielhälfte und zu den Spielregeln der Frauen. Je früher wir wissen, dass das weibliches Territorium ist, desto besser, meine Herren. Hier wandeln wir auf ganz dünnem Eis. Frauen wissen nämlich alles über Geschenke. Sie wissen vor allem alles über die Geschenke, die sie gerne hätten.

Erzählen Sie mir jetzt bitte nicht, bei Ihnen sei das anders, *Sie* wüssten, was Ihre Frau sich wirklich wünscht. Sie wissen es nicht. Und auch wenn unser Freund Benedikt von seiner Frau erfahren hat, dass sie sich dieses oder jenes Teil tatsächlich wünscht, dann hat sie es in Wahrheit bei ihm bestellt. Und Benedikt hat es getan, er hat es gekauft und ihr geschenkt. Und damit ist die Falle schon zugeschnappt. Sie hat das Geschenk dann also huldvoll entgegengenommen und sich auch artig bedankt. Aber sie hat Benedikt nicht anders behandelt als einen Lieferanten, der pünktlich abgeliefert hat.

Und da sind wir beim zweiten Punkt für die Frauen: der Termin. Weihnachten, aber auch Geburtstag und Hochzeitstag sind Tage, an denen die Damen ein Geschenk unbedingt erwarten. Dadurch ist unser Geschenk kein Geschenk, sondern eben nur die fällige Lieferung eines Gegenstands, von dem die Frau der Meinung war, siehe oben, dass sie ihn braucht. Denn wünschen heißt hier brauchen. In dem Punkt sind Frauen gnadenlos. Und nicht nur bei zum Beispiel einer Waschmaschine. Die würde eine Frau ohnehin nicht als Geschenk durchgehen lassen. Dieses „Das brauche ich" kann übrigens durchaus auch für eine 8 000-Euro-Halskette gelten. Also, Männer, das wissen wir schon mal. Und bringt uns das weiter? Nein!

Wie kommen wir denn wieder raus aus der Abseitsfalle? Also: Schlau, wie wir sind, lassen wir uns nichts anmerken und spielen das Spiel erst mal mit, aber mit dem Unterschied, dass wir ab jetzt wissen, dass wir über den Tisch gezogen werden sollen. Liefern wir unsere Geschenke also ab. Aber jetzt kommt es darauf an, das Spiel wieder in unserer Hälfte und nach unseren Regeln zu spielen. Und jetzt aufgepasst, Männer! Der einzige Spielzug, mit dem wir hier Punkte machen können, ist der Überraschungscoup. Das heißt: Wir gehen ganz normal unseren Tagesgeschäften nach, gehen dabei aber in Deckung wie ein einsamer Wolf, tauchen ab wie ein U-Boot und dann – zu einem von uns gewählten Zeitpunkt, nämlich genau dann, wenn sie nicht damit rechnet – schießen wir den Geschenktorpedo ab. Das funktioniert in jeder preislichen Größenordnung, nur stilvoll muss es sein, darauf legen die Damen Wert. Also, für nur drei Euro eine langstielige rote Rose *(Anm. d. Lektorin: Jaaaa! Die „Red Naomi" finde ich toll, eine unfassbar schöne Edelrose, Duft und Farbe einfach betörend, ganz langer Stiel.)* kommt ohne Ankündigung schon mal sehr gut an. Und der absolute Knaller ist dann, wenn Sie die Dame Ihres Herzens so ganz aus der Stille heraus und scheinbar völlig absichtslos wie der Blitz aus heiterem Himmel mit einer Gold-Platin-Kreation mit einem lupenreinen Top-Wesselton-Brilli *(Anm. d. Lektorin: Top Wesselton ist nicht schlecht, aber für mich käme nur der RiverPlus-Schliff infrage, nur der hat diesen umwerfenden blau-weißen Farbton)* überraschen. Nicht am Geburtstag und schon gar nicht zu Weihnachten. Einfach nur mal so zwischendurch. Bumm!

Und dann, meine Herren, lehnen Sie sich zurück und genießen Sie einfach nur das, was kommt.

RICHTIG SCHENKEN 2

Von: Bianca B., Bad Krotzingen
Betreff: Richtig Schenken

Lieber Herr Schroth,

ich bin mit meinem Benedikt seit genau neun Jahren und acht Monaten verheiratet. Es läuft auch ganz gut, ich glaube, er liebt mich immer noch so wie am Anfang, und er gibt sich auch Mühe, vieles richtig zu machen. Ich musste ihm natürlich erst mal viel beibringen, gerade am Anfang war es echt schwierig, er konnte nämlich gar nichts. Aber er strengt sich an, das kann man nicht anders sagen. Nun hat er in ein paar Wochen wieder Geburtstag und so wie immer möchte ich ihm was schenken. Aber das ist bei Benedikt schwierig. Und das ist beileibe kein finanzielles Problem. Wir sind beide berufstätig, er ist Arzt in der Kurklinik und ich betreibe hier in Bad Krotzingen eine kleine Autovermietung. Eigentlich können wir uns alles leisten, was uns Spaß macht.
Das Problem ist was anderes. Benedikt hat nämlich schon alles. Er wünscht sich ja vor allem immer irgendwelchen

Technikschnickschnack und allerlei Gimmicks, so für Computer und Co., aber kaum denke ich, ja, gut, das oder das könnte ich ihm schenken, dann hat er es sich auch schon selber gekauft. Zuletzt war es dieser kleine Mini-Hubschrauber mit dem bezeichnenden Namen Stress Express. Kaum hatte er mir begeistert davon erzählt – ich habe zugehört, dachte: „Aha, damit kannst du ihm eine Freude machen"–, zu spät, am nächsten Tag kam er schon damit an. Um 18 Uhr bereits hat er ihn bei uns zu Hause fliegen lassen, um 19 Uhr hatte er schon von mir die knallharte Ansage: „Entscheide dich, entweder der Hubschrauber oder ich", und jetzt nervt er damit in der Klinik die Kollegen und sogar die Patienten. Also, Herr Schroth, was soll ich machen? Ich will ihm was schenken, etwas, was ihm Spaß macht, aber andererseits darf es mir auf keinen Fall auf den Keks gehen. Was könnte das sein?

Ratlos, planlos, hilflos, konfus und verwirrt, aber dennoch optimistisch

Ihre
Bianca

Ich gebe zu, es ist schwierig, einem Mann etwas zu schenken. Da steht uns ja erst mal Nietzsche im Weg, der da geschrieben hat: Das Annehmen von Geschenken ist immer auch irgendwie ein Akt des Erbarmens. Und wir wollen einfach nicht erbärmlich aussehen, nur weil wir ein Geschenk annehmen. Also, grundsätzlich aufgepasst bei den Reaktionen, vor allem wenn das Geschenk von einer Frau kommt. Meine Mutter ist vielleicht kein gutes Beispiel, aber es ist das Beispiel, was mir gerade einfällt. Die hat mir mal zu Weihnachten zwei Krawatten geschenkt, eine rote und eine gelbe. Zu Ostern trug ich dann, um ihr einen Gefallen zu tun, die gelbe. Und was machte sie? Sie schrie mich nur an: „Und was gefällt dir an der roten nicht?" Kein Wunder, dass dann viele Männer Geschenkmuffel sind.

Aber nun steht Bianca vor dem Problem, dass sie ihrem Benedikt ein Geburtstagsgeschenk machen will. Es ist ja auch wirklich nicht einfach. Sie sagt es ja selbst: Er hat schon alles. Und einem Mann, der schon alles hat, was schenkt man dem? Eine Alarmanlage. Na ja, das war ein zugegebenermaßen müder Witz. Das Gute: Bianca weiß immerhin etwas, was alle anderen Frauen auch wissen sollten. Männer sind Spielmaxen. Wir spielen für unser

Leben gern. Nur dass unsere Spielzeuge im Laufe Jahre immer größer und immer teurer werden. Und hier kann eine Frau ansetzen. Bei unserem Spieltrieb. Nun schreibt Bianca aber, dass es ein Geschenk sein muss, an dem er Spaß hat, was aber sie, die Bianca, nicht nervt. Also muss es ein Geschenk sein, das möglichst wenige Geräusche macht. Dann scheidet ja das aus, was ich Frauen generell rate, die sich an mich wenden. Denen sage ich: „Geh in irgendeinen Baumarkt, egal in welchen, gehe hin zu irgendeinem Regal, egal in welcher Abteilung, und kaufe irgendeinen Karton, auf dem in großen Buchstaben ‚Power' steht. Du musst nicht wissen, was das Ding in dem Karton ist, du musst nicht wissen, wozu es gut ist, vergewissere dich nur noch, ob an dem Teil ein Kabel dran ist, dann ist es richtig." Und auch wenn er dieses Teil oder ein ganz ähnliches schon hat, er wird sich freuen und sagen: „Danke! Super, jetzt habe ich zwei davon, toll, falls das erste mal mitten in der Arbeit kaputtgeht."

Das ist gut, macht aber Krach. Bianca braucht was ohne Krach. Dann rate ich Bianca und allen anderen Frauen, mal an eine Alu-Ausziehleiter zu denken. Schauen Sie erst mal in der Garage nach, ob es schon eine oder mehrere Alu-Ausziehleitern gibt. Gibt es noch keine, dann haben Sie freie Bahn. Kaufen Sie im Baumarkt genau die, die Ihrem Budget entspricht. Er wird begeistert sein und sagen: „Genau, genau die! Mann, die habe ich wirklich gebraucht." Und machen Sie, meine Damen, jetzt bitte nicht den Fehler, zu sagen: „Gebraucht? Ich habe dich noch nie auf einer Alu-Ausziehleiter gesehen. Du brauchst doch eigentlich keine!"

Wenn Sie so denken, haben Sie den Wert solcher Spielsachen für uns Männer nicht verstanden. „Brauchen" heißt für uns, wir könnten sie vielleicht mal irgendwann brauchen, und dann ist es gut, zu wissen, dass man die Leiter in der Garage hat. Für den Fall, dass man sie mal braucht. Und wenn er schon eine oder sogar mehrere Alu-Ausziehleitern haben sollte, dann kaufen sie eine, die längenmäßig genau die Lücke schließt oder die länger ist als jede andere, die er schon besitzt. Auch das wird bei Ihrem Mann allergrößte Begeisterung auslösen.

Und wenn er all den Kram schon hat, die Powerwerkzeuge, die Alu-Ausziehleitern in jeder erdenklichen Länge und Ausführung, dann komme ich jetzt mit meinem ultimativen Geschenkvorschlag. Schenken Sie ihm eine Rolle Seil. Ja, Sie haben richtig gelesen, ein Seil. Ein gutes, haltbares, dickes Seil aus Hanf oder Sisal. Sorgfältig gedreht in Handarbeit, ein Qualitätsprodukt aus vorzugsweise einer Hamburger Seilmacherei. Nehmen Sie eine ordentliche Rolle, 20 Meter dürfen es schon sein. Und jetzt fragen Sie bitte nicht: „Wozu?" Diese Frage ist völlig unsinnig! Das „Wozu" ist völlig egal. Das weiß Ihr Mann doch auch nicht. Aber er wird die Rolle in seiner Garage schön sorgfältig an die Wand hängen und sagen: „Du bist die Größte! Dass du mir das Seil geschenkt hast! Das ist so großartig! Weißt du, man

155

kann nie wissen, wozu man das mal braucht. Aber wenn ich mal eines bräuchte, dann hätte ich es schon da."

Und er wird seine Freunde einladen, wird sie unter irgendeinem Vorwand in die Garage locken und dann deren Blick wie zufällig auf die Rolle Seil an der Garagenwand lenken. Und die Freunde werden sagen: „Booah! Ein Seil! Ein echtes Seil! Wie viel, äh, also so 30 Meter?" Und er wird bescheiden sagen: „Na ja, so 20 Meter. Aber reicht ja auch!" Und die Freunde sagen: „Das ist ja eine klasse Idee. Kann man ja immer mal brauchen! Wo hast du das denn her?" Und er wird dann sagen: „Jaha, das hat mir meine Frau geschenkt!" Und in dem Moment sollten Sie, also die Schenkerin, wie zufällig um die Ecke kommen! Dann kriegen Sie die volle Packung ab. Einen stolzen Ehemann, wegen Seil und Frau. Und seine Freunde, die sich vor Ehrfurcht und Respekt gar nicht mehr einkriegen können. Mehr Dankbarkeit und Bewunderung können Sie nicht bekommen!

ES GIBT KEINE ZWEITE CHANCE, EINEN ERSTEN EINDRUCK ZU MACHEN

Von: Dr. med. Dr. phil. Dr. h.c. Hans-Jochen H., Heidelberg
Betreff: Es gibt keine zweite Chance, einen ersten Eindruck zu machen

---

Sehr geehrter Herr Schroth,

ich würde mich gar nicht trauen, mich an Sie zu wenden, aber ein Artikel in unserer Lokalzeitung hat mir Mut gemacht, hat mich quasi angespornt. Ich bin nämlich Abonnent unserer Rhein-Neckar-Zeitung hier in Heidelberg und in einer der letzten Wochenendausgaben habe ich einen Artikel gelesen – leider finde ich das Exemplar nicht mehr, obwohl ich alle Zeitungen genau vier Wochen lang aufbewahre, aber es kann ja auch vielleicht schon vor fünf Wochen gewesen sein. Wie auch immer, der Artikel war von einem britischen Psychologen und handelte vom Verhältnis zwischen Männern und Frauen. Jedenfalls hat der Psychologe behauptet, dass Männer von den Frauen genau beobachtet würden, ihnen, also den Frauen, würde nichts entgehen.

Von manchen Musikern behauptet man ja, sie hätten das absolute Gehör. Das stimmt. Jedenfalls kann ich sagen, dass man im ersten Geiger unseres Heidelberger philharmonischen Orchesters ein strahlendes Beispiel dafür findet.

Sie merken schon, ich bin ein großer Freund der Klassik – besonders Händel hat es mir angetan – und liebe es, mich diesen wundervollen Klängen hinzugeben, und zwar in der Darbietungsform, wie sie unter dem Dirigat unseres Generalmusikdirektors Kamdzhalov geboten wird, ganz jenseits der für mich gänzlich unzugänglichen Sphären der Eklektik.

Aber, entschuldigen Sie bitte, ich schweife ab. Ich wollte mich ja zum sogenannten absoluten Gehör äußern.

Unser erster Geiger jedenfalls, Herr Konzertmeister Thierry Stöckel, der hat das absolute Gehör. Vielleicht liegt es daran, dass er von Hause aus Franzose ist, vielleicht auch schlicht an der Tatsache, dass er ein hervorragender Musiker und Geiger ist, egal, er hat es!

Und, um wieder auf den eingangs erwähnten Artikel zu kommen – bitte, sehr verehrter Herr Schroth, entschuldigen Sie meine ausschweifende Art zu schreiben. Aber ich schätze nun mal das geschriebene Wort mehr als das gesprochene und liebe es, Briefe zu schreiben. E-Mails sind da eigentlich schon ein großes Zugeständnis an die neuen Zeiten.

Aber, und da komme ich auf den wunden Punkt in meinem Leben, genau das bringt mich bei den Frauen nicht weiter. Die wollen sich einfach lieber mit einem Mann unterhalten und sich nicht endlos in Briefschreibereien verlieren.

Aber nun wirklich zum Artikel. Da schreibt also dieser Psychologe, dass Frauen den absoluten Blick hätten. Sie würden alles, alles sehen. Männer liefen, so schrieb er weiter, bei Frauen sozusagen ständig unter einer riesigen Lupe herum.

Und den absoluten Blick stelle ich mir eben genauso vor wie das absolute Gehör. So wie der Herr Stöckel jede auch nur kleinste Abweichung vom Kammerton A zu hören in der Lage ist, können Frauen auch einen Mann sehen und mit einem einzigen Blick genau erfassen, was an dem nun stimmt oder auch nicht. Der Artikel gipfelte in dem Satz: „Ein Mann hat bei einer Frau nur eine einzige Chance, einen ersten Eindruck zu machen."

So behauptet das dieser Psychologe. Und ich muss Ihnen ehrlich sagen, an dieser Aussage habe ich lange herumgekaut. Das musste ich erst mal verkraften. Und im Laufe der Zeit schwante mir so langsam, was bei mir und den Frauen schiefläuft. Der erste Eindruck, den ich vermittle, ist offensichtlich nicht so, dass eine Frau sich entschließt, ein zweites Mal hinzusehen. Ich bekomme, sehr geehrter Herr Schroth, leider keinen zweiten Blick ab, leider oft nicht einmal einen ersten.

Was meinen Sie, stimmt das mit dem ersten Eindruck? Und kann man da was machen? Oder liegt es an meinem Äußeren?

Ich bin ja nun auch schon 48, da wird es dann langsam mal Zeit, und habe auch immer nur allein gelebt.

Der Größte bin ich auch nicht mit meinen ein Meter 73 und eine ziemliche Glatze habe ich auch. Ja, und Brille sowieso.

Vielleicht bin ich auch nicht gerade nach der neuesten Mode gekleidet, aber ich habe immer Bügelfalte und geputzte Schuhe, der Mantel könnte auch mal neu, aber meine Baskenmütze, die bleibt! Die habe ich damals in Frankreich in Bordeaux gekauft, gleich nach dem Studium.

Verstehen Sie mich hier bitte nicht falsch, ich will ja nichts weiter von einer Frau. Vielleicht mal hin und wieder ins Konzert und sich vielleicht mal bei den schönsten Werken der Barockmusik aneinanderkuscheln. Bei Bedarf, aber nur bei Bedarf, auch gern mehr. Können Sie mir da ein paar Tipps geben?

Ihr schon im Voraus zu größter Dankbarkeit für Ihr freundliches Entgegenkommen verpflichteter Konzert-, Klassik- und, ich darf durchaus sagen, auch Frauenfreund Hans-Jochen H.

Das ist ja schon ein ganz schöner Klops, den der dreifache Doktor da losgelassen hat. Er will von „einer Frau nichts weiter". Was soll ich denn davon halten? Mein erster Impuls war: Na ja, dann soll er es eben lassen, das mit den Frauen. Man muss ja nicht. Ich traf neulich im Schanzenviertel hier in Hamburg auf einen jungen Mann, der trug ein T-Shirt mit dem Aufdruck „Schlecht im Bett – sonst ganz nett". Das fand ich super. Wenigstens ehrlich. Entwaffnend ehrlich. Da weiß doch jede Frau sofort, woran sie ist. Kein verdruckstes Herumgemache, sondern eine klare Ansage.

Übrigens bin ich natürlich der Meinung, dass dieser Psychologe in seinem Artikel völlig recht hat. Natürlich ist es der erste Eindruck, der zählt. Was denn sonst? Der Hans-Jochen hat sich ja ein wenig beschrieben. Ich vermute ja, dass er bei seiner Selbstbeschreibung auch noch sehr, sehr zurückhaltend war. Die Wahrheit sieht vielleicht noch viel, viel düsterer aus. So, wie er sich beschreibt, sieht er wahrscheinlich immer so aus, als hätte er sich vor einem laufenden Flugzeugpropeller angezogen. Solche Männer gibt es. Und dann gibt es noch die – das sehe ich manchmal in meinem Sportklub in der Umkleide –, die sich das Hemd nicht in die Hose stopfen, nein, sie stopfen sich das

Hemd in die Unterhose mit rein, sodass die Hemdzipfel vorn und hinten und links und rechts wieder unten aus der Unterhose rausgucken, also quasi wird das eigene Hemd wie eine Windel benutzt. Stellen Sie sich mal vor, meine sehr verehrten Leserinnen, Sie nehmen sich so einen Typen mit nach Hause. Und irgendwann zieht er dann seine Hose aus – und Sie sehen das???? *(Anm. d. Lektorin: Grauenhaft! Da hat der Autor mal recht! Solche Typen gibt es wirklich! Die kenne ich aus dem Buchhandel und aus diversen Bibliotheken, aber mehr möchte ich dazu nicht sagen ...)*

Natürlich muss er an seinem Outfit arbeiten. Er muss ja nicht rumlaufen wie eines dieser Männermodels, aber er sollte sich erst mal vernünftig einkleiden. Das Problem ist, dass das Einkleiden allein nicht reicht. Ein Mann muss sich in solchen Sachen auch bewegen können. Es ist so, als wenn ein Mann jetzt sein Leben lang VW-Golf gefahren ist, und plötzlich soll er in einen Lamborghini umsteigen. Das will doch erst mal gelernt sein, sonst fliegt man gleich in der ersten Kurve schon raus!

Und dann wieder auch hier diese alte Leier: Ich bin so klein! Alle, auch die Frauen, sind so groß und ich bin so klein ... Na und? Ich bin auch klein, genau genommen noch drei Zentimeter kleiner als Hans-Jochen. Das kratzt mich nicht im Geringsten! Es hat Vorteile, so klein zu sein. Wenn es regnet, zum Beispiel. Bei uns kommt der Regen erst sehr viel später an! Und bei den Frauen? Ich behaupte sogar, viele Frauen stehen auf kleine Männer! Aber sicher! Schauen Sie sich mal um in den typischen Macho-Ländern. Mexiko, Costa Rica, Süditalien, Andalusien, alles kleine Männer! Die Frauen lieben uns! Warum? Dafür gibt es viele Gründe. Wir sind einfach handlicher als die großen Typen.

Ein kleines Beispiel. Die Frauen lieben ja auch die kleinen Autos. Die Kas und Clios und Cinquecentos und Smarts und die New Beetles und die Minis. Die Frauen finden gerade die kleinen Autos süß! Weil sie klein sind! Süß! Und wen nehmen die mit in diesen kleinen Autos? Vielleicht irgendwelche breiten Ein-Meter-98-Brecher, Typen, die so riesig sind, dass sie sechs Monate im Jahr mit Schnee auf dem Kopf rumlaufen?
Nein. Uns nehmen sie mit. Die Kleinen. Wir haben die passende Größe, wir sind genau richtig für so ein kleines Auto. Überhaupt passen wir auch auf ein ganz normales Bett drauf, auf die Matratze auch quer, wenn es sein muss. Mit anderen Worten: Wir machen den Frauen keine Angst. Wir vermitteln den Frauen den Eindruck, dass wir nicht gefährlich sind und dass sie die Situation jederzeit unter Kontrolle haben. Wir machen nicht so viel Dreck und wir sind billiger im Unterhalt. Jede Frau, die mal einen kleinen Mann hatte, will sofort wieder einen. Die stehen total auf uns! Die empfehlen uns weiter!
Ich persönlich liebe große Frauen. Wenn man dann als kleiner Mann vor einer großen Frau steht, hat man auch gleich eine Superaussicht! Und dann weckt ja ein kleiner

Mann bei einer Frau sofort den Mutterinstinkt. Nur muss der kleine Mann natürlich aufpassen, dass er dann auf dem Weg von einer Bar in ihre Wohnung vom Mutterinstinkt ganz schnell noch die Mutter abkoppelt, denn er will ja jetzt nur noch ihren Instinkt. Wenn man aber unsicher ist, wie dieser Hans-Jochen, dann koppelt man vielleicht aus Versehen vom Mutterinstinkt den Instinkt ab und übrig bleibt dann nur die Mutti.

Ich fürchte, dem Hans-Jochen fehlt zusätzlich irgendwie auch das Handwerkszeug. Nach dem, was er schreibt, ist er wie ein Mann, der sich ein tolles Menü bestellt, aber überhaupt nicht weiß, wie er das essen soll, und der außerdem auch gar kein Besteck auf dem Tisch hat. Was er lernen muss, ist, wie man als Mann überhaupt erst mal reinkommt in einen Raum. Da muss Körperspannung drin sein bei dem Mann, damit die Frauen überhaupt erst mal auf ihn aufmerksam werden. Und wenn dann eine attraktive Dame guckt und zu ihrem Begleiter sagt: „Geh mal weg da! Das da drüben, das ist mal ein interessanter Typ!", dann hat der Mann den ersten Schritt schon mal gemacht.

Und ja, es stimmt, Frauen haben den absoluten Blick – aber auch sonst besondere Fähigkeiten. Sie besitzen zum Beispiel auch eine Art absolutes Gehör. Das sieht man etwa beim sogenannten Cocktaileffekt. Der Cocktaileffekt entsteht, wenn zum Beispiel in einem großen Raum 200 Leute zusammen sind. Einige stehen, einige sitzen, einige laufen rum. Alle sind gut drauf und unterhalten sich prächtig. Hinten in der Ecke links spielt eine Band. Also ein einziges Stimmengewirr und Musik – ein dicker Geräuscheteppich. Und trotzdem ist das menschliche Ohr in der Lage, das eine Geräusch, das interessiert, weil hinten irgendjemand gerade über einen tuschelt, herauszufiltern, dieses eine ganz genau zu hören, trotz des Lärms darum herum. Das nennt man den Cocktaileffekt. Ich glaube, dass Frauen sich den Cocktaileffekt zunutze machen, indem sie ihn von der Akustik in die Welt der Optik transferieren. Sie können nämlich aus einer Masse von Menschen ihren Mann – oder den Mann, den sie gerade dafür halten, also den Kerl, der gerade bei ihnen unter der allerschärfsten Kontrolle läuft – sofort erkennen, orten und entsprechende Maßnahmen einleiten, falls sie das Gefühl haben, dass da gerade etwas ganz gewaltig aus dem Ruder läuft.

Die weiteren besonderen Fähigkeiten lassen sich mit folgendem Beispiel ganz gut illustrieren: Einmal fragte mich ein Freund bei einer Party, ob ich wohl glaube, dass eine ganz bestimmte Dame, die er da im Auge hatte, einen Slip trage oder nicht. Ich sagte, dass ich es nicht wisse, aber riet ihm Folgendes: „Wenn du wirklich wissen willst, welche der anwesenden Damen im Raum gerade keinen Slip trägt, dann guck bitte nicht selber. Das fällt den Frauen nämlich sofort auf, da wirkst du gleich wie ein Perverser. Mach es auf die elegante Tour, frag einfach die nächstbeste Frau. Sie wird es dir dann ganz genau sagen.

Da hast du eine hundertprozentige Trefferquote und du sparst dir eine Menge Ärger und Zeit."

Und um noch einmal auf den absoluten Blick zu kommen: Die Frauen, die haben so eine Art Scanner eingebaut, einen Rasterblick, tacktacktack, in zwei, höchstens drei Sekunden wird so ein Mann abgerastert und dann überlegt sie kurz. Guck ich noch ein zweites Mal hin oder nicht? Ist der was für mich oder nicht? Und innerhalb von Millisekunden fällt sie das Urteil. Daumen rauf oder Daumen runter. Schnell, gnadenlos und ohne Chance für eine Revision. Das ist es, was der Hans-Jochen meint, das ist der sogenannte erste Eindruck. Man kann es drehen, man kann es wenden, es bleibt, wie es ist: Ein Mann hat keine zweite Chance, einen ersten Eindruck zu machen.

DIE FIESEN FRAGEN DER FRAUEN

Von: Beat B., Bern/Schweiz
Betreff: Die fiesen Fragen der Frauen

Sehr geehrter Herr Schroth,

ich bin ein freier Schweizer, ein echter Männer-Mann und deswegen schreibe ich Ihnen: Die fiesen Fragen der Frauen treiben mich schier zum Wahnsinn. Der letzte gemeinsame Urlaub war wieder mal die Hölle. Sie – und ich meine damit ALLE Frauen – nutzen diese Zeit, um uns Männer mit Beziehungsgesprächen fertigzumachen. Sie wissen genau, wir können nicht weg – und dann geht's los mit diesen Fragen! Glauben Sie mir, Erfahrungen habe ich genug gesammelt. Das war nämlich bei meinen ersten vier Frauen so, bei der fünften Ehefrau ist es nicht anders. Immer wieder diese Fragen! Und irgendwann ist wieder Weihnachten, dann kommen garantiert wieder die Fragen! Haben Sie einen Rat, wie ein Mann wie ich diesen Fragen entkommt?
Kurz davor, zur Waffe zu greifen,

Ihr
Beat B.

Erschreckend, nicht wahr? Und ich bin sicher, das mit der Waffe hat Beat nicht einfach nur so dahingeschrieben. Die Männer in der Schweiz haben nämlich ihr Armeegewehr griffbereit zu Hause im Schlafzimmerschrank.

Es geht also hier um diese berühmten Beziehungsgespräche. Die Männer hassen diese Gespräche wie die Pest, die Frauen aber lieben sie über alles. Und natürlich haben die Männer seit Anbeginn der Menschheitsgeschichte versucht, diesen Gesprächen auszuweichen, haben versucht, zu flüchten, zu fliehen und zu entrinnen. Oder warum, glauben Sie, hat man den berühmten Ötzi draußen im Gletscher gefunden? Er war weggelaufen von zu Hause, er hat sich gesagt: Lieber erfriere ich im Eis, als bei Frau Ötzi zu bleiben und ein Beziehungsgespräch zu ertragen. Und jetzt, liebe Leserinnen, müssen Sie ganz stark sein: Es würden auch heute noch sehr viel mehr Männer von zu Hause abhauen, wenn sie nur wüssten, wie man Koffer packt.

Aber die Frauen sind ja klug und waren immer schon klug und haben eben im Laufe der Evolution gelernt, Männer immer wieder in diese Beziehungsgespräche zu verwickeln. Das machen sie ganz einfach dadurch, dass sie uns Männern immer wieder Fragen stellen, auf die wir keine Antwort wissen. Das sind oft kleine Fragen, die erst mal ganz harmlos daherkommen, die es aber in Wirklichkeit nicht sind. Es sind gut getarnte IEDs *(Anm. d. Lektorin: Dieses Thema scheint für den Autor ein echt angstbesetztes Horrorthema zu sein. Denn hier greift er gar zu einem Fachbegriff aus der Terminologie des Militärs. IED steht für „Improvised Explosive Device", also ein improvisierter Sprengsatz, wie er in Guerillakriegen zum Einsatz kommt. Ich persönlich kann diese Metapher nicht nachvollziehen. Es geht doch eigentlich nur um die ganz normalen Fragen, die ganz normale Frauen an ihre bedauerlicherweise nicht normalen Männer richten.)*, die die Frauen so wie zufällig und nebenbei fallen lassen. Der Mann aber weiß nicht die passende Antwort und schon geht das IED, also das Beziehungsgespräch, los.

Es gibt natürlich unendlich viele fiese Fragen der Frauen, die zu diesen Gesprächen führen. Auf die Frage „Was denkst du jetzt?" hat übrigens der große amerikanische Suburbia-Philosoph Al Bundy die richtige Antwort gefunden, die uns Männern weltweit als Vorlage dienen sollte. Nachdem ihn seine geliebte Ehefrau Peggy dieses gefragt hatte, sagte er nur: „Peg, wenn ich wollte, dass du weißt, was ich denke, dann würde ich es dir sagen, aber nicht denken!" Das ist eine geniale Antwort, dem kann ich nichts hinzufügen.

Auf eine weitere Frage zu antworten, ist ebenfalls kein Problem. Auf „Liebst du mich?" antworten wir immer mit „Ja!", und zwar laut, deutlich und zu jeder Tages- und Nachtzeit.

Bei der nächsten Frage, „Findest du mich zu dick?", müssen wir Männer höllisch aufpassen. Bitte, Männer, wir dürfen uns hier auf keine Diskussionen einlassen, denn über Gewichtsfragen wissen Frauen absolut alles, da dürfen wir keinen Fehler machen. Wir antworten auch hier wieder laut und deutlich mit „Nein!", verlassen sofort die gemeinsame Wohnung, heuern auf einem Containerschiff an und machen am besten gleich im Anschluss eine lange Reise nach Australien, bevor wir nach vielen Monaten wieder nach Hause kommen.

Nun will ich noch auf eine weitere Frage eingehen, die sich in der letzten Zeit bei den Frauen weltweit großer Beliebtheit erfreut und mittlerweile in den inoffiziellen Charts der fiesen Fragen auf Platz eins rangiert. Es ist die Frage, die bei Männern, sobald sie gestellt worden ist, Atemnot, Herzrasen und Schweißausbrüche hervorruft. Es ist die berühmte Frage: „Und, fällt dir gar nichts auf?"

Liebe Leser, das ist eine ganz fiese Nummer. Die Frauen wissen genau, dass uns nichts auffällt, wir sind doch Männer, wir merken doch immer nichts! Und deswegen ist diese Frage so gemein. Stellen Sie sich bitte mal vor, ein Mann, ein ganz normaler Mann, kommt abends von der Arbeit nach Hause, so gegen 18 Uhr. Er freut sich auf einen ruhigen Abend und möchte nach der anstrengenden Arbeit jetzt einfach nur ein bisschen wohnen. Und in der Tür steht seine Frau und fragt als Erstes: „Und? Fällt dir gar nichts auf?" Diese Frage trifft den armen Kerl wie ein Hieb mit einem Vorschlaghammer. Er weiß nämlich nicht, was er jetzt sagen soll. Tief in seinem Unterbewusstsein weiß er nur eines. Eigentlich müsste er sofort, hier und jetzt, mit einem tödlichen Herzkasper noch auf der Fußmatte zusammenbrechen und dann tot im Krankenwagen abtransportiert werden. Das wäre die einzige Möglichkeit, aus dieser Nummer lebend rauszukommen. Denn auf die Frage „Fällt dir denn gar nichts auf?" gibt es ja Milliarden von möglichen Antworten. Aber nur eine einzige ist richtig. Kommt aber irgendeine andere Antwort, dann gibt es einen explosionsartigen Streit. Und am Ende des Streits gibt es ein sehr, sehr hartes Beziehungsgespräch. Und so ein Beziehungsgespräch braucht ein Mann genauso dringend wie eine dritte Schulter.

Der Mann steht immer noch vor seiner Tür, eben hat seine Frau zum zweiten Mal gefragt, ob ihm denn gar nichts auffalle, er weiß immer noch keine Antwort, aber dafür erlebt sein Gehirn jetzt einen wahren Sturm der Gedanken: Moment mal, das ist doch gar nicht meine Wohnung, tschüs, ich geh jetzt, nein, o Mist, da steht mein Name an der Tür, also doch meine Wohnung! Aber da steht eine Frau, habe ich überhaupt eine Frau, nein, ich habe keine, andererseits, heute Morgen, da war eine Frau hier, aber diese hier? Wer ist das, die hat ja Haare, meine Frau hat doch gar keine Haare, hat sie an den Haaren was gemacht? Ich weiß es nicht, Frauen haben ja gern immer mal wieder eine andere Frisur. Ich kann mich aber nicht mehr an die Frisur erinnern, hat sie blonde, schwarze,

blaue oder grüne Haare? Ich weiß es nicht. Oder die Klamotten, sind die neu?

Und die Frau fragt schon wieder, jetzt zum dritten Mal.
Und er denkt nur: Nichts über die Klamotten sagen,
nichts über Punkte, Karos und Streifen sind ohnehin
tabu! Oder Schuhe, hat sie neue Schuhe, ich weiß es nicht!
Oder hat sie alte Schuhe an, die sie wieder hervorgekramt
hat, weil die wieder modern geworden sind? Und er sieht,
wie seine Frau immer saurer wird, weil er auf die Frage
noch nicht geantwortet hat, und zwischen Panikattacke
und akuten Erstickungsgefühlen denkt er nur noch: Aha,
die Wohnung, in der Wohnung ist irgendwas passiert,

das muss es sein, die Wohnung, neue Lampen, neue Gardinen, neuer Teppichboden oder hat sie die Wand im Flur neu gestrichen, ich weiß es nicht, mir fällt nichts auf!

Stopp, Männer, halt! Ganz ruhig! Ich bin euer Freund. Ich verrate euch jetzt den ultimativen Notausgang, denn ich möchte, dass ihr einen ruhigen Feierabend verleben könnt. Ihr bleibt bitte, auch wenn es schwerfällt, in dieser Lage ganz ruhig, völlig cool nach außen und atmet dreimal tief durch. Und dann schaut ihr dieser Person lange, tief und liebevoll in die Augen und sagt einfach nur: „Ohh!! Du hast abgenommen!"
Männer, das ist eine Superantwort. Sie hat aber einen Nachteil: Das geht nur ein einziges Mal!

LADYS AND GENTLEMEN

Von: Vanessa V., Bad Vilbel
Betreff: Wo sind die Gentlemen?

Lieber Horst Schroth,

mit großem Vergnügen blicke ich zurück auf einen Auftritt von Ihnen in einer dieser vielen Talkshows, ich glaube, das war bei Markus Lanz, als Sie auf Ihre unnachahmlich charmante und witzige Weise für gute Manieren eingetreten sind. Ich war damals und ich bin immer noch ganz Ihrer Meinung. Aber leider muss ich feststellen, dass Sie in diesem Punkt der einsame Rufer in der Wüste sind. Es gibt einfach keine Herren, keine Kavaliere, keine Gentlemen mehr. Ich will jetzt nicht behaupten, dass ich über Männer gut Bescheid weiß, denn das schickt sich nicht für eine reife Singlefrau von 43 Jahren. Das mit den 43 sage ich aber nur Ihnen, denn für meine Umwelt bin ich 39 – was man mir übrigens auch abnimmt –, und ich habe die Absicht, das noch eine ganze Zeit lang zu bleiben :-)).
Das Verhalten jedenfalls, das viele Männer den Frauen gegenüber an den Tag legen, ist geprägt von Rücksichts-

losigkeit, Unhöflichkeit und Rüpelhaftigkeit. Es gibt keine
Ritterlichkeit mehr, keinen Anstand und kein Formge-
fühl! Türen werden nicht mehr aufgehalten, Frauen
werden nicht zuerst begrüßt und selbst wenn eine alte
Dame oder eine hochschwangere Frau im vollen Bus
einen Sitzplatz sucht, steht keiner der Männer auf und
bietet ihr seinen Platz an.
Und echte Komplimente können Männer sowieso schon
lange nicht mehr machen.
Ich weiß, lieber Herr Schroth, dass Sie da anders
„ticken", aber was ist denn mit Ihren Geschlechtsgenossen los?
Haben Sie eine Erklärung für dieses unmögliche Verhalten?
Oder ist das alles ein Missverständnis?
Habe ich irgendwas verpasst oder schlicht nicht begrif-
fen?

Mit der herzlichen Bitte um Auskunft, Aufklärung und
Aufdeckung grüßt Sie ein Ihre Liebenswürdigkeit und
Galanterie schätzender Fan,

Vanessa

So, so, es gibt also keine Gentlemen, keine Kavaliere mehr. Ein harsches Urteil! Und ein heftiger Vorwurf, den Vanessa aus Bad Vilbel hier macht. Kann es sein, dass das an Bad Vilbel liegt, dass sich dort zufällig oder auch nicht zufällig die allergrößten Flegel, Stoffel und Stiesel sammeln und deren undiskutables Verhalten zu diesem auf den ersten Blick vernichtenden Urteil über Männer führt? Nicht zuletzt ist nun gerade Bad Vilbel eine der wichtigen Schlafstädte für all die Bank- und Börsenfuzzis, denen die Bankenzentrale Frankfurt einfach zu dreckig, zu unfreundlich und schlicht zu laut ist. Aber alles auf Bad Vilbel zu schieben, das wäre natürlich zu einfach und so eine miese Schuldzuweisung hat diese hübsche, kleine Mineralwasserstadt auch gar nicht verdient.

Bleiben wir doch mal einfach bei den Männern. Denn ehrlich gesagt kann ich Vanessa nur zustimmen. Richtig! Es gibt sie nicht mehr, oder kaum mehr, diese von ihr offensichtlich so herbeigesehnten galanten Kavaliere. Es gibt sie nicht mehr, Männer wie die aus den Mantel- und Degenfilmen, die in einer dunklen Gasse die Dame erst mal mit der Waffe gegen fiese Gestalten verteidigen, vier oder gar fünf Angreifer niederstrecken und dann, kaum außer Atem, ihren Umhang abnehmen, um ihn gleich danach in eine widerliche Pfütze zu werfen, damit die Dame, die dem Kampf eben noch atemlos zugesehen hat, ihren Weg trockenen Füßchens fortsetzen kann, die Leichen elegant umkurvend. Solche Männer werden offenbar überhaupt nicht mehr gemacht. Diese Modelle sind ausgelaufen und Nachfolger sind nicht in Sicht. Die Ritter und die ihnen anerzogenen Tugenden wie Tapferkeit, Höflichkeit, Großzügigkeit, Treue und Anstand sind offenbar spätestens mit Don Quijote, dem Ritter von der traurigen Gestalt, der Lächerlichkeit preisgegeben, untergegangen.

Aber wie die Amerikaner so treffend sagen: „It takes two to tango." Um ritterliches Verhalten an den Tag zu legen, braucht der Kavalier auch die entsprechende Dame, die ein solches Benehmen auch zu schätzen weiß. Es ist nicht lange her, da war ich gerade im Begriff, ein großes Berliner Hotel zu verlassen, und ging, da die Drehtür gerade repariert wurde, durch eine große, schwere Glastür nach draußen. Ich drückte die Tür auf und mir entgegen kam eine Frau, die in das Hotel hineingehen wollte. Und da ich nun mal so gestrickt bin, wie ich bin, habe ich einen Schritt hinaus gemacht, mich dann mit dem Rücken gegen die Tür gelehnt – denn sie war verdammt schwer und sie von außen zu öffnen, wäre ein ganz schöner Kraftakt gewesen – und sie so für diese Frau aufgehalten. Ich sagte dann noch so was wie: „Bitte sehr!", aber sie schritt an mir vorbei, hocherhobenen Kopfes, würdigte mich keines Blickes, geschweige denn, dass sie sich kurz bedankte, und verschwand im Foyer. Mit dem Doorman des Hotels, der gerade nicht anwesend war, konnte sie mich kaum verwechselt haben, denn weder trug ich eine zirkusartige Uniform in Rot mit lustigen goldenen Schnüren, noch hatte ich einen schwarzen Zylinder mit dem Hotellogo auf dem Kopf. Das war einfach nur eine Begegnung mit irgendeiner Frau – und eben nicht mit einer Dame. Denn eine echte Dame hätte sich anders verhalten. Bitte, liebe Leserinnen, verstehen Sie mich nicht falsch. Ich erwarte hier keine langen Dankesbezeugungen, auch keine Einladungen zu einem lauschigen High Tea in der Lobby, aber ein schlichtes Dankeschön wäre schon angemessen gewesen.

Heute kann ein normaler Mann wie ich ganz schön ins Schleudern kommen. Eine gute Freundin erzählte mir, dass es sogar Frauen geben solle, die in der Tatsache, dass ein Mann ihnen die Autotür aufhält oder ihnen in den Mantel helfen will, eine Frechheit, einen unverschämten Übergriff, gar einen verachtenden, üblen Chauvinismus sehen. Sie unterstellen den Männern, dass sie die Frauen einfach für zu doof halten, selbst eine Autotür zu öffnen oder sich ihren Mantel allein anzuziehen. Und einer feministischen Zeitschrift habe ich entnommen, dass es nicht wenige Frauen gibt, die diese Form der männlichen Höflichkeit kritisch sehen. Frauen, so hieß es da, seien nun mal genauso stark wie Männer und bedürften dieser „Kavaliere" nicht, die die Frauen ja von Natur aus als schwächer ansehen. Jedes In-den-Mantel-Helfen würde die vermeintlichen Helfer ja noch in ihrer Haltung bestärken.

Andererseits aber gibt es junge Frauen, die einfach nur verunsichert sind, wenn ihnen ein Mann zum Beispiel mal eine Tür aufhält, und die einfach nur entsprechend ratlos und zweifelnd dreinschauen. Ich sehe sie dann vor mir, die Wolke, die Gedankenblase wie im Comic, die da über ihnen schwebt mit den Worten: „Was will der Mann?" Sie wissen es einfach nicht, weil es ihnen ihre Mutter nicht beigebracht hat, sie nicht vorbereitet hat auf Männer, die einfach nur zuvorkommend sein wollen. Oder vielleicht kommen sie aus einer zerrütteten Familie, der Vater hat sich aus dem Staub gemacht und ist aus der Distanz vor allem eine wundervolle Projektionsfläche für alles, was Frauen an einem Mann schlecht finden können. Auf jeden Fall aber ist er für die junge Frau kein Vorbild für Ritterlichkeit, denn dann wäre er der Familie auch treu geblieben.

Ja, und dann gibt es leider auch die Frauen, die immer so aussehen, als kämen sie gerade aus dem Wald oder als wären sie im Begriff, gerade in den Wald zu gehen. Egal was sie vorhaben, sie können auch von mir aus gerade auf dem Hamburger Jungfernstieg oder in München auf der Maximilianstraße unterwegs sein, um zu shoppen. Auf jeden Fall sind diese Frauen mit schlappigen, schief getretenen Schuhen – ja, das gibt es leider auch bei Frauen – und einer Oberbekleidung unterwegs, die zu Recht zur Gattung der sogenannten Funktionskleidung gehört. Das ist doch klar, dass sich kein Mann an so einer Jacke vergreift, er weiß doch erst mal gar nicht, wo hier oben und unten, wo hinten und vorn ist, und überhaupt weiß er nicht, ob er überhaupt eine Frau vor sich hat. Bei dieser Gestalt könnte es sich ja auch um einen Bauarbeiter handeln, der gerade Pause vom Betongießen macht und sich in der Bäckerei ein Brötchen holen will. Der könnte den Griff eines Mannes an seine Jacke als schwule Anmache werten und entweder empört oder – wer weiß – auch entsprechend hocherfreut reagieren.

Ach ja, und dann schreibt Vanessa noch, dass Männer auch keine Komplimente mehr machen können. Das ist ja, liebe Leserinnen, für uns Männer auch ein ganz heikles Kapitel. Denn auch hier gilt für Männer der alte Grundsatz: Vorsicht, Stufe! Komplimente sind eine feine Sache, aber Komplimente zu machen, ist nicht leicht, das muss gelernt sein. Da muss sich ein Mann erst mal ganz langsam herantasten. Grundsätzlich sollte ein Mann jedenfalls nur Komplimente machen über die Dinge an einer Frau, die für ihn offensichtlich sind, und zwar nur AUF ihrer Kleidung, und nicht etwa über das, was er UNTER ihrer Kleidung vermutet. Und er sollte bei einem Kompliment keineswegs übertreiben, denn dafür haben Frauen ein ganz feines Sensorium. Übertreibungen werden von Frauen sofort abgestraft.

Übrigens ist es auch für einen Mann schön, wenn er seinerseits ein Kompliment von einer Frau bekommt. Da hat die Frau auch einen Vorteil, denn Frauen sind von Komplimenten niemals entwaffnet, Männer aber schon. Sie werden sofort vollkommen wehrlos. Und mehr verrate ich an dieser Stelle nicht.

Gut und schön! Es mag also sein, dass es keine Gentlemen mehr gibt. Aber wenn es denn auch keine Ladys mehr gibt, dann haben Frauen wirklich keinen Grund zur Beschwerde. Wie gesagt, vergessen Sie bitte nicht: „It always takes two to tango."

NACHWORT

Liebe Leserinnen und Leser, eingangs hatte ich Sie ja
gewarnt, dass dieses Buch möglicherweise Ihr Leben
verändern könnte. Ich habe natürlich keine Ahnung, ob
so eine Lebensveränderung nun in diesem oder jenem
Fall tatsächlich stattgefunden hat, und wenn, dann kann
ja ohnehin kein Mensch sagen, welcher Auslöser für eine
Veränderung gesorgt hat. Aber: Sollte es irgendwo zu
einer spontanen Veränderung gekommen sein, die Sie in
Verbindung mit diesem Buch sehen, oder sollte das Buch
quasi der letzte, die Veränderung auslösende Impuls
gewesen sein, dann würde ich mich freuen, wenn Sie mir
eine E-Mail mit Ihrem Erfahrungsbericht schicken. Über
eines allerdings bin ich mir im Klaren: Selbst jetzt, da ich
versucht habe, viele Fragen der Frauen zu beantworten,
werden die Frauen einfach nicht aufhören zu fragen. Sie
werden weiterfragen, ausdauernd und beharrlich, so wie
es ihnen ihr genetischer Code vorgibt. Und natürlich
wird es auch wieder Männer geben, die ebenfalls fragen.
Weil sie von ihren Frauen nachdrücklich darum gebeten
werden.

Nach einer meiner Livevorstellungen von „Wenn
Frauen fragen" im Theater habe ich neulich Folgendes erlebt. Ich verließ das St. Pauli Theater durch den

Bühnenausgang und da, wo es direkt zum Spielbuden-platz und zur Reeperbahn geht, stand im Tordurch-gang ein Pärchen. Die Dame tuschelte ein wenig mit dem Herrn, stupste ihn mit dem Ellenbogen und dann ging er los. Kam auf mich zu und sagte: „Meine Frau will wissen, wann Sie bei uns zu Hause auf der Bett-kante gesessen haben."

Und jetzt, da das Eis gebrochen war, schaltete sich die Dame auch ein: „Ja, Sie haben meinen Mann perfekt beschrieben. Er will nämlich auch immer nur wohnen!"

Er sah erst sie an und dann mich: „Na ja, ist doch so, wenn sie immer nur rödelt ..."

Und dann stellte sie die Frage, die ich ganz oft höre: „Wie kommen Sie eigentlich dadrauf?"

Und er fragte: „Wie lange machen Sie das schon, das mit den Männern und Frauen?" Auch das höre ich häufig.

„Das mit den Männern und Frauen" ging los, als ich nach etlichen Jahren im Kabarett-Duo (mit Achim Konejung) und Kabarett-Ensemble (ich meine den mittlerweile legendären „Reichspolterabend" mit Achim Konejung, Arnulf Rating und den leider viel zu früh verstorbe-nen wundervollen Kollegen und Freunden Heinrich Pachl und Matthias Beltz) mein erstes Soloprogramm auf die Bühne brachte. Das war im Jahr 1994 und das Programm hieß „Null Fehler". Das war ein Versuch, die sogenannten 68er mit den Mitteln des Kabaretts zu beschreiben. Mit welchen Idealen und Ideen waren sie mal angetreten und wo stehen sie jetzt, 26 Jahre später? Die zentrale Figur des Programms war Olaf Laux, ein Lehrer für Deutsch und Geschichte, der in seiner Laufbahn als deutscher Beamter schmerzhaft erfahren musste, dass „gut gemeint" tatsächlich das Gegenteil von „gut" ist. Olaf berichtete von seinen frustrierenden Erfahrungen im Schulbetrieb, aber da ein Lehrer natürlich auch ein Privatleben hat – mit Ehefrau Marianne (Erdkunde und Biologie) –, blieben die ehelichen Alltagsprobleme eines Lehrerpaares nicht außen vor. Seit 2014 ist übrigens eine Neuauflage von „Null Fehler" deutschlandweit zu sehen.

Im darauffolgenden Programm „Scharf auf Harakiri" kam dann meine fiktive Figur Nick Niehoff, Sprecher eines Pharmakonzerns, immer wieder auf die Probleme mit seiner geschiedenen Ehefrau Solveig zu sprechen. Beide Soloprogramme waren große Erfolge und in beiden Programmen war es so, dass meine Zuschauer diese Geschichten aus dem privaten Beziehungsleben meiner Figuren ganz besonders gern mochten.

Ulrich Waller, mit dem ich bereits seit 1987 zusammenarbeite, hatte dann die Idee, aus diesen Beziehungsgeschichten mehr zu machen. Dass sich aus dieser anfänglich professionellen Beziehung im Laufe der Jahre eine persönliche Freundschaft entwickelt hat, sehe ich als Glücksfall und Privileg. Uli ist ein bescheidener Mann und nennt sich Regisseur, ich finde, mittlerweile ist er ein wahrer Kultregisseur und aus der Kabarett- und

Theaterszene nicht mehr wegzudenken. Er hat nicht nur mich, sondern auch viele meiner Kollegen begleitet, beraten, mit ihnen gearbeitet und der gesamten Szene im Laufe der Jahre enorm viele wichtige Impulse gegeben. Heute leitet er zusammen mit Thomas Collien das Hamburger St. Pauli Theater und führt bei vielen hauseigenen Theaterproduktionen Regie. Eine seiner großen und sehr beachteten externen Regiearbeiten war unter anderem die Inszenierung von „Hinterm Horizont", dem Udo-Lindenberg-Musical in Berlin.

Ulrich Waller führt auch bei all meinen Soloprogrammen Regie. Und nicht nur das. Wir konzipieren die Programme in langen Gesprächen zusammen, haben Spaß dabei, lachen, trinken und essen, kippen dabei manchmal vor Müdigkeit vom Stuhl, rappeln uns wieder auf und machen weiter. Wenn wir nicht zusammensitzen, dann schreibe ich, werfe weg, schreibe neu, schlafe noch mal drüber, werfe wieder weg und schreibe wieder neu. So lange, bis ein einigermaßen vorzeigbarer Text vorhanden ist, auf dessen Basis wir dann probieren können. Es ist manchmal verblüffend, zu sehen, wie ein Text, der aufgrund einer scheinbar genialen Idee entstanden ist – einer Idee, über die wir uns zunächst schlappgelacht haben –, von zunächst vier Seiten auf ein oder zwei Sätze zusammenschmilzt. Oder der Text verschwindet gar, kaum einmal laut vorgelesen, auf Nimmerwiedersehen im Feuerloch der

Kabaretthölle. Zu schlecht, nicht witzig, unbrauchbar. Oder der Text ist schon irgendwie wirklich gut, aber das Urteil lautet trotzdem: „Kill your darlings." Frei nach Billy Wilder ist damit die Bereitschaft gemeint, eine Idee, einen Text, einen Gag, der einem besonders am Herzen liegt, loszulassen. An und für sich ist der Text vielleicht gar nicht mal schlecht, aber hier und jetzt passt er einfach nicht. Wir lassen das Material erst mal liegen, vielleicht wird es an einer anderen Stelle und zu einer anderen Zeit gebraucht. Aber selbst wenn wir einen Text so gar nicht nutzen können, können wir darauf vertrauen, dass es da, wo die geniale Idee herkommt, noch mehr davon gibt.

Manchmal hilft einem ja auch der Zufall weiter oder auch die eigene Trotteligkeit. Im Sommer 2008 hatte ich Ulrich Waller in seinem schönen Haus in der Toskana besucht. Es war ein Arbeitsbesuch, es war Juli und im September sollte mein Programm „Grün vor Neid" in Hamburg Premiere haben. Und es war wie immer: Die Zeit war knapp. Wir redeten über das Programm, über die Erzähllinien und die Figuren und ich zog mich zurück an den Arbeitstisch unter dem Sonnenschirm und schrieb. Schrieb und schrieb und tippte in meinen Laptop, füllte Seite um Seite, fand dann irgendwann, ich wäre doch schon schön weit gekommen, und beschloss, eine Pause zu machen. Ich drückte auf eine Taste auf dem Keyboard, ich weiß nicht, welche es war, aber der Text war weg. Ich bin im Umgang mit dem Computer bestimmt kein Neuling, weiß einigermaßen Bescheid, aber der Text war weg. Um es kurz zu machen, er blieb auch weg. Und er tauchte nie wieder auf.

Ich war ziemlich geschockt und sagte bedröppelt zu meinem Freund Uli: „Der Text ist weg. Irgendwie habe ich ihn nicht gesichert und jetzt ist er weg!" Ich weiß noch, wie er aus einem ersten Impuls heraus laut lachte, lange lachte, wie ich damals fand, eigentlich etwas zu lange, und dann sagte: „Na ja, dann musst du ihn eben noch mal schreiben!" Und das tat ich dann. Ich schrieb alles noch mal. Und siehe da – es ging! Und beim Schreiben stellte ich fest, dass all das, was offenbar nicht wichtig oder nicht witzig oder redundant gewesen war, quasi von allein wegblieb. Immer nach dem Motto von Laotse, der gesagt haben soll, dass das Aussortieren des Unwesentlichen der Kern aller Lebensweisheit sei. Genau das hatte ich getan: im Unterbewusstsein aussortiert. Dabei wurden automatisch etliche Darlings gekillt und was dann wenig später in dem Textdokument stand – jetzt natürlich mehrfach gesichert –, war im Wesentlichen auch das, was im September 2008 den Weg auf die Bühne fand.

Ulrich Waller also war derjenige, der den Vorschlag machte, aus den kleinen Beziehungsepisoden ein ganzes Programm zu formen. Und wir erfanden das Programm „Herrenabend", das im Jahr 1998 Premiere hatte. Und dieses Programm wiederum ist sozusagen der Ausgangspunkt für das Bühnenprogramm „Wenn

Frauen fragen". Im Vorwort zu diesem Buch habe ich ja schon beschrieben, dass ich immer viele Mails von meinen Zuschauern und Zuschauerinnen bekommen habe, die mir als Inspiration gedient haben, und auch heute noch bekomme ich fast nach jeder Vorstellung Mails.

Und wie ich eigentlich darauf komme? Durch das Leben, mein eigenes, das meiner Liebsten, das meiner Freunde, meiner Bekannten, das Leben all der Leute, die mich über lange oder kurze Zeit begleiten. Ich beobachte, höre zu und erzähle auch von mir. Es ist wie in dem alten Spruch vom Wald: Wie man hinein-ruft ... Nur wenn es um Beziehungsfragen geht, dann steht man nicht vor einem gut sortierten und geputzten deutschen Wald, sondern vor einem undurchdringli-chen Dschungel. Hier gibt es auch keine ordentlich ausgeschilderten Wege, sondern den Weg muss sich jeder selbst bahnen. Mal kann man die Hindernisse ele-gant überspringen und mal muss man die Machete aus-packen. In diesen Dschungel kommt man ganz leicht rein, aber ob man jemals wieder rauskommt, wann, wo und in welchem Zustand, allein oder zu zweit, das alles weiß man erst, wenn es so weit ist.

Ich hoffe und wünsche mir, dass Sie Spaß hatten mit diesem Buch und dass es Ihnen einige Fragen beant-worten konnte. Und dass Sie beim Lesen die gleiche Erfahrung gemacht haben wie viele meiner Zuschauer im Theater. Dass Sie gemerkt haben, dass es Ihnen auch nicht anders geht als den anderen. Warum sollte es auch? Mir geht es ja auch genauso wie Ihnen. Also stürzen wir uns jeden Tag aufs Neue in diesen wilden Dschungel, ich wünsche Ihnen viel Glück!

Ihr
Horst Schroth

© 2014 WortArtisten GmbH, Köln
1. Auflage 2014

Projektkoordination: Judith Ngo
Lektorat: Astrid Roth
Korrektorat: Christiane Wirtz, Elke Wolf
Layout und Satz: Friedemann Weise, inbeige
Umschlaggestaltung: © Friedemann Weise
Umschlagabbildung: © Oliver Fantitsch
Illustrationen: Birgit Schössow
Druck und Bindung: CPI books GmbH, Ulm

Printed in Germany
ISBN: 978-3-942454-10-0